캄보디아어를 사용하는 국민을 위한

기초 한글배우기

① 기초편

권용선 저

បេតិកភណ្ឌពិភពលោករបស់អង្គការយូណេស្កូ

■ 세종대왕 탄신 627돌(2024.5.15) 숭모제전
– 분향(焚香) 및 헌작(獻爵), 독축(讀祝), 사배(四拜), 헌화(獻花),
  망료례(望燎禮), 예필(禮畢), 인사말씀(국무총리)

■ 무용 : 봉래의(鳳來儀) | 국립국악원 무용단
– '용비어천가'의 가사를 무용수들이 직접 노래하고 춤을 춤으로써
  비로소 시(詩), 가(歌), 무(舞)가 합일하는 악(樂)을 완성하는 장면

■ 영릉(세종·소헌왕후)
조선 제4대 세종대왕과 소헌왕후 심씨를 모신 합장릉이다.
세종대왕은 한글을 창제하고 혼천의를 비롯한 여러 과학기기를 발명하는 등 재위기간 중 뛰어난 업적을
이룩하였다.

■ 소재지(Location): 대한민국 경기도 여주시 세종대왕면 영릉로 269-10

■ 대표 업적
– 한글 창제: 1443년(세종 25년)~1446년 9월 반포
– 학문 창달
– 과학의 진흥
– 외치와 국방
– 음악의 정리
– 속육전 등의 법전 편찬 및 정리
– 각종 화학 무기 개발

■ យ៉ងរ៉ង (ស្ដេចសេជុង និង មហាក្សត្រីសុហន់)
នេះគឺជាផ្នូររួមរបស់ស្ដេចសេជុង ដែលជាស្ដេចទី 4 នៃសេជុង និងភរិយារបស់គាត់គឺម្ចាស់ក្សត្រីសុហន់។ ស្ដេច
សេជុង បានបង្កើតអក្សរកូរ៉េនិងបង្កើតឧបករណ៍វិទ្យាសាស្ត្រផ្សេងៗ រួមទាំងផ្នែកសញ្ញាវុធ ហើយទទួលបាន
សមិទ្ធិផលដ៏អស្ចារ្យក្នុងរជ្ជកាលរបស់ព្រះអង្គ។

■ ទីតាំង(Location) : 269-10 Yeongneung-ro, Sejongdaewang-myeon, Yeoju-si, Gyeonggi-do, Korea

■ សមិទ្ធិផលគំណាង
– ការបង្កើតអក្សរកូរ៉េ : 1443 (ឆ្នាំទី 25 នៃរជ្ជកាលស្ដេចសេជុង) ~ ការផ្សព្វផ្សាយនៅ ខែកញ្ញា 1446
– វឌ្ឍនភាពនៃការរៀនសូត្រ
– ការផ្សព្វផ្សាយវិទ្យាសាស្ត្រ
– កិច្ចការបរទេស និងការពារជាតិ
– អង្គការតន្ត្រី
– ការចងក្រង និងការរៀបចំក្រមច្បាប់ ដូចជា សុខ យុតៈជៀន
– ការអភិវឌ្ឍអាវុធគីមីផ្សេងៗ

Let's learn Hangul!

អក្សរកូរ៉េមាន 14 ព្យញ្ជនៈ 10 ស្រៈ និងការរួមបញ្ចូលគ្នានៃព្យញ្ជនៈពីរដង និងស្រៈពីរដង ដែល បង្កើតអក្សរ និងសំឡេង។ អក្សរកូរ៉េមានអក្សរប្រហែល 11,170 ហើយប្រហែល 30% នៃពួកវា ត្រូវបានប្រើប្រាស់ជាចម្បង។
សៀវភៅនេះគឺផ្អែកលើពាក្យកូរ៉េដែលត្រូវបានគេប្រើជាញឹកញាប់នៅក្នុងជីវិតពិត ហើយត្រូវបានបង្កើតឡើងជាមួយនឹងចំណុច ខាងក្រោមជាការផ្ដោតអារម្មណ៍។

- វាមានខ្លឹមសារសិក្សាជាមូលដ្ឋានដោយផ្អែកលើព្យញ្ជនៈ និងស្រៈនៃអក្សរកូរ៉េ។
- យើងបានដាក់មូលដ្ឋានគ្រឹះដ៏រឹងមាំសម្រាប់ការប្រើអក្សរកូរ៉េត្រឹមត្រូវដោយការបង្ហាញពីលំដាប់លំដោយរបស់អក្សរកូរ៉េ។
- យើងបានរៀបចំកន្លែងជាច្រើនដើម្បី 'សរសេរ' ដូច្នេះអ្នកអាចទទួលបានអក្សរកូរ៉េដោយធម្មជាតិតាមរយៈការអនុវត្តការសរសេរដដែលៗ។
- យើងផ្ដល់សម្ភារៈដែលអាចសិក្សាបានស្របជាមួយនឹងសៀវភៅសិក្សានៅលើគេហទំព័ររបស់យើង (www.K-hangul.kr)។
- ខ្លឹមសារត្រូវបានរៀបចំឡើងជុំវិញអក្សរ និងពាក្យដែលប្រើញឹកញាប់ក្នុងជីវិតប្រចាំថ្ងៃនៅក្នុងប្រទេសកូរ៉េ។
- យើងបានកាត់បន្ថយខ្លឹមសារជាអក្សរកូរ៉េដែលមិនត្រូវបានប្រើប្រាស់ញឹកញាប់ ហើយរួមបញ្ចូលតែខ្លឹមសារសំខាន់ៗប៉ុណ្ណោះ។

ការរៀនភាសាគឺជាការរៀនវប្បធម៌ ហើយជាពេលជើកការគិតរបស់អ្នក។
សៀវភៅនេះគឺជាសៀវភៅសិក្សាមូលដ្ឋានសម្រាប់រៀនអក្សរកូរ៉េ ដូច្នេះប្រសិនបើអ្នកសិក្សាខ្លឹមសាររបស់ វាឱ្យបានហ្មត់ចត់ នោះអ្នកនឹងទទួលបាននូវការយល់ដឹងទូលំទូលាយអំពីវប្បធម៌ និងស្មារតីរបស់កូរ៉េ ជាងដែរ។ សូមអរគុណ

អ្នកនិពន្ធ ក្វនយុ៉ងសន

한글은 자음 14자, 모음 10자 그 외에 겹자음과 겹모음의 조합으로 글자가 이루어지며 소리를 갖게 됩니다. 한글 조합자는 약 11,170자로 이루어져 있는데, 그중 30% 정도가 주로 사용되고 있습니다. 이 책은 실생활에서 자주 사용하는 우리말을 토대로 내용을 구성하였고, 다음 사항을 중심으로 개발 되었습니다.

- 한글의 자음과 모음을 기초로 배우는 기본 학습내용으로 이루어져 있습니다.
- 한글의 필순을 제시하여 올바른 한글 사용의 기초를 튼튼히 다지도록 했습니다.
- 반복적인 쓰기 학습을 통해 자연스레 한글을 습득할 수 있도록 '쓰기'에 많은 지면을 할애하였습니다.
- 홈페이지(www.k-hangul.kr)에 교재와 병행 학습할 수 있는 자료를 제공하고 있습니다.
- 한국의 일상생활에서 자주 사용되는 글자나 낱말을 중심으로 내용을 구성하였습니다.
- 사용빈도가 높지 않은 한글에 대한 내용은 줄이고 꼭 필요한 내용만 수록하였습니다.

언어를 배우는 것은 문화를 배우는 것이며, 사고의 폭을 넓히는 계기가 됩니다. 이 책은 한글 학습에 기본이 되는 교재이므로 내용을 꼼꼼하게 터득하면 한글은 물론 한국의 문화와 정신까지 폭넓게 이해 하게 될 것입니다.

※참고 : 본 교재는 ❶기초편으로, ❷문장편 ❸대화편 ❹생활 편으로 구성되어 출간 판매 중에 있습니다.
ចំណាំ : សៀវភៅសិក្សានេះមានសមាសភាព ❶ មូលដ្ឋាន ❷ ប្រយោគ ❸ ការសន្ទនានិង ❹ ជីវិត ហើយ បច្ចុប្បន្នកំពុងត្រូវបានចោះពុម្ព និងលក់។

※판매처 : 교보문고, 알라딘, yes24, 네이버, 쿠팡 등
ទីតាំងលក់ : បណ្ណាគារKyobo, បណ្ណាគារAladin, បណ្ណាគារyes24, Naver, Coupang ជាដើម។

저자 권용선

차례 មាតិកា

제1장

자음

ជំពូកទី 1 ព្យញ្ជនៈ

자음 [ព្យញ្ជនៈ]

자음 읽기 [ការអានព្យញ្ជនៈ]

ㄱ	ㄴ	ㄷ	ㄹ	ㅁ
기역(Giyeok)	니은(Nieun)	디귿(Digeut)	리을(Rieul)	미음(Mieum)
ㅂ	ㅅ	ㅇ	ㅈ	ㅊ
비읍(Bieup)	시옷(Siot)	이응(Ieung)	지읒(Jieut)	치읓(Chieut)
ㅋ	ㅌ	ㅍ	ㅎ	
키읔(Kieuk)	티읕(Tieut)	피읖(Pieup)	히읗(Hieut)	

자음 쓰기 [ការសរសេរព្យញ្ជនៈ]

ㄱ	ㄴ	ㄷ	ㄹ	ㅁ
기역(Giyeok)	니은(Nieun)	디귿(Digeut)	리을(Rieul)	미음(Mieum)
ㅂ	ㅅ	ㅇ	ㅈ	ㅊ
비읍(Bieup)	시옷(Siot)	이응(Ieung)	지읒(Jieut)	치읓(Chieut)
ㅋ	ㅌ	ㅍ	ㅎ	
키읔(Kieuk)	티읕(Tieut)	피읖(Pieup)	히읗(Hieut)	

02 자음 [ព្យញ្ជនៈ]

⚞ 자음 익히기 [ការរៀនព្យញ្ជនៈ]

다음 자음을 쓰는 순서에 맞게 따라 쓰세요.
(សូមសរសេរព្យញ្ជនៈខាងក្រោមតាមលំដាប់គ្រឹមត្រូវ។)

자음 ព្យញ្ជនៈ	이름 ឈ្មោះ	쓰는 순서 លំដាប់លំដោយ ការសរសេរ	영어 표기 សរសេរជា ភាសាអង់គ្លេស	쓰기 ការសរសេរ				
ㄱ	기역	ㄱ	Giyeok	ㄱ				
ㄴ	니은	ㄴ	Nieun	ㄴ				
ㄷ	디귿	ㄷ	Digeut	ㄷ				
ㄹ	리을	ㄹ	Rieul	ㄹ				
ㅁ	미음	ㅁ	Mieum	ㅁ				
ㅂ	비읍	ㅂ	Bieup	ㅂ				
ㅅ	시옷	ㅅ	Siot	ㅅ				
ㅇ	이응	ㅇ	Ieung	ㅇ				
ㅈ	지읒	ㅈ	Jieut	ㅈ				
ㅊ	치읓	ㅊ	Chieut	ㅊ				
ㅋ	키읔	ㅋ	Kieuk	ㅋ				
ㅌ	티읕	ㅌ	Tieut	ㅌ				
ㅍ	피읖	ㅍ	Pieup	ㅍ				
ㅎ	히읗	ㅎ	Hieut	ㅎ				

03 한글 자음과 모음표

[ភាសាព្យញ្ជនៈ និងស្រៈអក្សរកូរ៉េ]

월   일

※ 참고 : 음절표(18p~37P)에서 학습할 내용

mp3 자음 모음	ㅏ (아)	ㅑ (야)	ㅓ (어)	ㅕ (여)	ㅗ (오)	ㅛ (요)	ㅜ (우)	ㅠ (유)	ㅡ (으)	ㅣ (이)
ㄱ (기역)	가	갸	거	겨	고	교	구	규	그	기
ㄴ (니은)	나	냐	너	녀	노	뇨	누	뉴	느	니
ㄷ (디귿)	다	댜	더	뎌	도	됴	두	듀	드	디
ㄹ (리을)	라	랴	러	려	로	료	루	류	르	리
ㅁ (미음)	마	먀	머	며	모	묘	무	뮤	므	미
ㅂ (비읍)	바	뱌	버	벼	보	뵤	부	뷰	브	비
ㅅ (시옷)	사	샤	서	셔	소	쇼	수	슈	스	시
ㅇ (이응)	아	야	어	여	오	요	우	유	으	이
ㅈ (지읏)	자	쟈	저	져	조	죠	주	쥬	즈	지
ㅊ (치읒)	차	챠	처	쳐	초	쵸	추	츄	츠	치
ㅋ (키읔)	카	캬	커	켜	코	쿄	쿠	큐	크	키
ㅌ (티읕)	타	탸	터	텨	토	툐	투	튜	트	티
ㅍ (피읖)	파	퍄	퍼	펴	포	표	푸	퓨	프	피
ㅎ (히읗)	하	햐	허	혀	호	효	후	휴	흐	히

 • 캄보디아어를 사용하는 국민을 위한 기초 한글배우기
រៀនអក្សរកូរ៉េជាមូលដ្ឋានសម្រាប់ប្រជាជននិយាយភាសាខ្មែរ

모음

ជំពូកទី 2 ស្រៈ

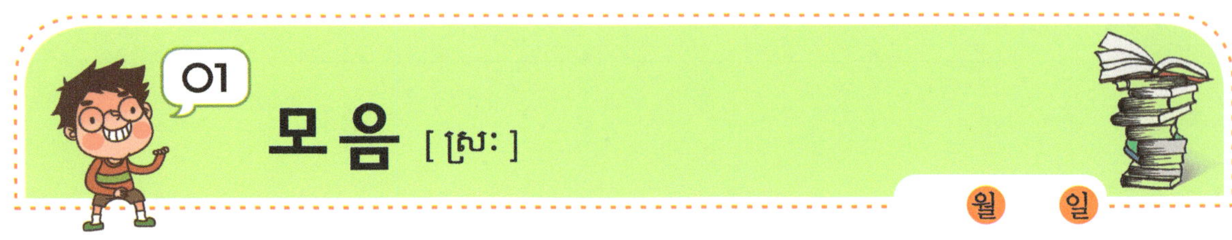

모음 읽기 [ការអានស្រៈ]

ㅏ	ㅑ	ㅓ	ㅕ	ㅗ
아(A)	야(Ya)	어(Eo)	여(Yeo)	오(O)
ㅛ	ㅜ	ㅠ	ㅡ	ㅣ
요(Yo)	우(U)	유(Yu)	으(Eu)	이(I)

모음 쓰기 [ការសរសេរស្រៈ]

ㅏ	ㅑ	ㅓ	ㅕ	ㅗ
아(A)	야(Ya)	어(Eo)	여(Yeo)	오(O)
ㅛ	ㅜ	ㅠ	ㅡ	ㅣ
요(Yo)	우(U)	유(Yu)	으(Eu)	이(I)

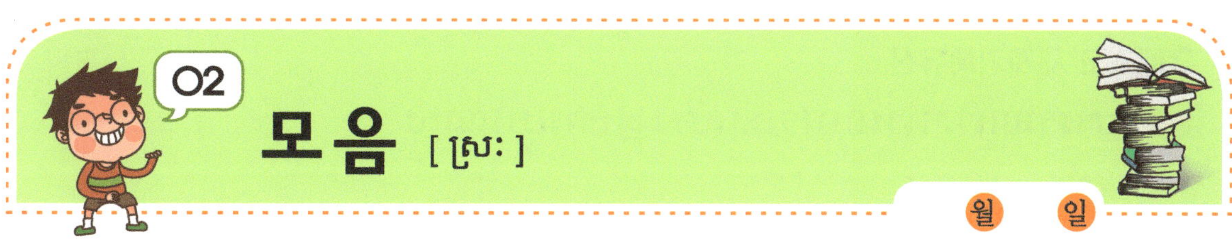

모음 익히기 [ការរៀនស្រៈ]

다음 모음을 쓰는 순서에 맞게 따라 쓰세요.
(សូមសរសេរស្រៈខាងក្រោមតាមលំដាប់គ្រឹមត្រូវ។)

모음 ស្រៈ	이름 ឈ្មោះ	쓰는 순서 លំដាប់លំដោយ ការសរសេរ	영어 표기 សរសេរជា ភាសាអង់គ្លេស	쓰기 ការសរសេរ					
ㅏ	아	ㅏ	A	ㅏ					
ㅑ	야	ㅑ	Ya	ㅑ					
ㅓ	어	ㅓ	Eo	ㅓ					
ㅕ	여	ㅕ	Yeo	ㅕ					
ㅗ	오	ㅗ	O	ㅗ					
ㅛ	요	ㅛ	Yo	ㅛ					
ㅜ	우	ㅜ	U	ㅜ					
ㅠ	유	ㅠ	Yu	ㅠ					
ㅡ	으	ㅡ	Eu	ㅡ					
ㅣ	이	ㅣ	I	ㅣ					

បេតិកភណ្ឌពិភពលោករបស់អង្គការយូណេស្កូ

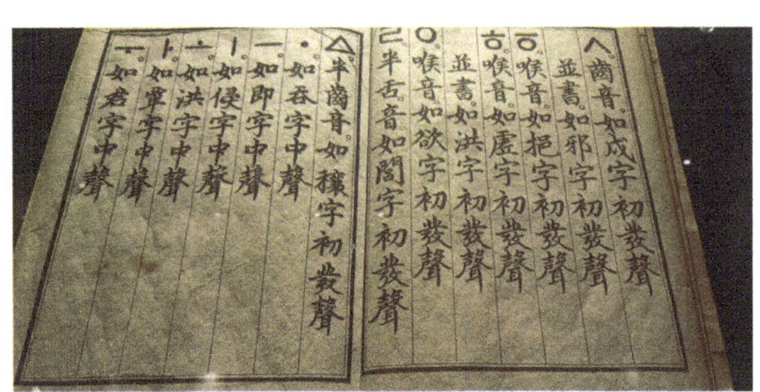

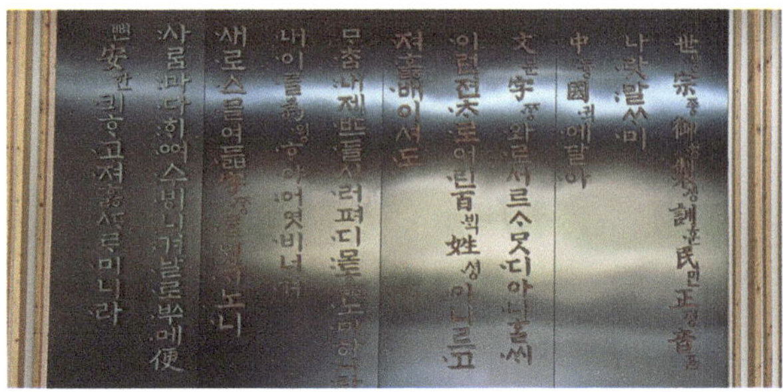

- 훈민정음(訓民正音) : 새로 창제된 훈민정음을 1446년(세종 28) 정인지 등 집현전 학사들이 저술한 한문해설서이다. 해례가 붙어 있어서〈훈민정음 해례본 訓民正音 解例本〉이라고도 하며 예의(例義), 해례(解例), 정인지 서문으로 구성되어 있다. 특히 서문에는 **훈민정음을 만든 이유**, 편찬자, 편년월일, 우수성을 기록하고 있다. 1997년 유네스코 세계기록유산으로 등록되었다.

■ 훈민정음(訓民正音)을 만든 이유

- 훈민정음은 백성을 가르치는 바른 소리 -

훈민정음 서문에 나오는 '나랏말씀이 중국과 달라 한자와 서로 통하지 않는다.' 는 말은 풍속과 기질이 달라 성음(聲音)이 서로 같지 않게 된다는 것이다.

"이런 이유로 어리석은 백성이 말하고 싶은 것이 있어도 마침내 제 뜻을 표현하지 못하는 사람이 많다. 이를 불쌍히 여겨 새로 28자를 만들었으니 사람마다 쉽게 익혀 씀에 편하게 할 뿐이다."

지혜로운 사람은 아침나절이 되기 전에 이해하고 어리석은 사람도 열흘이면 배울 수 있는 훈민정음은 바람소리, 학의 울음이나 닭 울음소리, 개 짖는 소리까지 모두 표현해 쓸 수 있어 지구상의 모든 문자 가운데 가장 창의적이고 과학적이라는 찬사를 받는 문자이다.

-세종 28년-

■ 세종대왕 약력

- 조선 제4대 왕
- 이름: 이도
- 출생지: 서울(한양)
- 생년월일: 1397년 5월 15일~1450년 2월 17일
- 재위 기간: 1418년 8월~1450년 2월(31년 6개월)

■ មូលហេតុនៃការបង្កើត អក្សរកូរ៉េ

- អក្សរកូរ៉េគឺជាសំឡេងត្រឹមត្រូវដើម្បីបង្រៀនប្រជាជន -

សេចក្ដីថ្លែងការណ៍នៅក្នុងបុព្វកថារបស់អក្សរកូរ៉េថា"ភាសារបស់ប្រទេសខុសពីភាសាចិន ហើយមិនអាចយល់បានទៅវិញទៅមកជាមួយអក្សរចិន" មានន័យថា ដោយសារតែទំនៀមទម្លាប់ និងនិស្ស័យខុសគ្នា ការបញ្ចេញសំឡេង(聲音)មិនដូចគ្នាទេ។

"ដោយសារហេតុផលនេះ មានមនុស្សល្ងង់ជាច្រើនដែលមិនអាចបញ្ចេញគំនិតរបស់ពួកគេបាន សូម្បីតែពេលដែលពួកគេមានអ្វីដែលត្រូវនិយាយ។ ដោយអាណិតពួកគេ ខ្ញុំបានបង្កើតតួអក្សរថ្មីចំនួន 28 ដើម្បីឱ្យអ្នកគ្រប់គ្នាអាចរៀនពួកវាបានយ៉ាងងាយស្រួល និងប្រើប្រាស់យ៉ាងស្រួល"។

អក្សរកូរ៉េដែលអ្នកប្រាជ្ញអាចយល់បានមុនថ្ងៃ ហើយមនុស្សល្ងង់អាចរៀនបានក្នុងរយៈពេលដប់ថ្ងៃនោះ ត្រូវបានសរសើរថាជាអ្នកថ្លែប្រតិត និងជាវិទ្យាសាស្ត្របំផុតនៃប្រព័ន្ធសរសេរទាំងអស់នៅលើផែនដី ព្រោះវាអាចបង្ហាញអ្វីៗគ្រប់យ៉ាងចេញពីសំឡេងខ្យល់ សម្លេងស្រែករបស់សត្វក្រៀល មាន់រងា និងការព្រុសរបស់ឆ្កែ។

- សេចុង 28 ឆ្នាំ-

■ ជីវប្រវត្តិស្ដេចសេជុង

- ស្ដេចទី 4 នៃសេជុង
- ឈ្មោះ : លី ដូ
- ទីកន្លែងកំណើត : ទីក្រុងសេអ៊ីល (ហាន់យ៉ាង)
- ថ្ងៃខែឆ្នាំកំណើត : 15 ឧសភា 1397 - 17 កុម្ភ: 1450
- រជ្ជកាល : ខែសីហា ឆ្នាំ 1418 ដល់ ខែកុម្ភ: ឆ្នាំ 1450 (31 ឆ្នាំ 6 ខែ)

제3장

겹자음과 겹모음

ជំពូកទី 3 ព្យញ្ជនៈផ្គុំ និង
ស្រៈផ្គុំ

겹자음 [ព្យញ្ជនៈផ្គុំ]

월   일

⁙ 겹자음 읽기 [ការអានព្យញ្ជនៈផ្គុំ]

ㄲ	ㄸ	ㅃ	ㅆ	ㅉ
쌍기역 (Ssanggiyeok)	쌍디귿 (Ssangdigeut)	쌍비읍 (Ssangbieup)	쌍시옷 (Ssangsiot)	쌍지읒 (Ssangjieut)

⁙ 겹자음 쓰기 [ការសរសេរព្យញ្ជនៈផ្គុំ]

ㄲ	ㄸ	ㅃ	ㅆ	ㅉ
쌍기역 (Ssanggiyeok)	쌍디귿 (Ssangdigeut)	쌍비읍 (Ssangbieup)	쌍시옷 (Ssangsiot)	쌍지읒 (Ssangjieut)

⁙ 겹자음 익히기 [ការរៀនព្យញ្ជនៈផ្គុំ]

다음 겹자음을 쓰는 순서에 맞게 따라 쓰세요.
(សូមសរសេរ ព្យញ្ជនៈផ្គុំ ខាងក្រោមតាមលំដាប់ត្រឹមត្រូវ។)

겹자음 ព្យញ្ជនៈផ្គុំ	이름 ឈ្មោះ	쓰는 순서 លំដាប់លំដោយ ការសរសេរ	영어 표기 សរសេរជា ភាសាអង់គ្លេស	쓰기 ការសរសេរ				
ㄲ	쌍기역	ㄲ	Ssanggiyeok	ㄲ				
ㄸ	쌍디귿	ㄸ	Ssangdigeut	ㄸ				
ㅃ	쌍비읍	ㅃ	Ssangbieup	ㅃ				
ㅆ	쌍시옷	ㅆ	Ssangsiot	ㅆ				
ㅉ	쌍지읒	ㅉ	Ssangjieut	ㅉ				

겹모음 [ស្រៈផ្សំ]

월   일

겹모음 읽기 [ការអានស្រៈផ្សំ]

ㅐ	ㅔ	ㅒ	ㅖ	ㅘ
애(Ae)	에(E)	얘(Yae)	예(Ye)	와(Wa)
ㅙ	ㅚ	ㅝ	ㅞ	ㅟ
왜(Wae)	외(Oe)	워(Wo)	웨(We)	위(Wi)
ㅢ				
의(Ui)				

겹모음 쓰기 [ការសរសេរស្រៈផ្សំ]

애(Ae)	에(E)	얘(Yae)	예(Ye)	와(Wa)
왜(Wae)	외(Oe)	워(Wo)	웨(We)	위(Wi)
의(Ui)				

겹모음 [ស្រៈផ្សំ]

월   일

겹모음 익히기 [ការរៀនស្រៈផ្សំ]

다음 겹모음을 쓰는 순서에 맞게 따라 쓰세요.
(សូមសរសេរស្រៈផ្សំខាងក្រោមតាមលំដាប់ត្រឹមត្រូវ។)

겹모음 ស្រៈផ្សំ	이름 ឈ្មោះ	쓰는 순서 លំដាប់លំដោយ ការសរសេរ	영어 표기 សរសេរជា ភាសាអង់គ្លេស	쓰기 ការសរសេរ				
ㅐ	애	ㅐ	Ae	ㅐ				
ㅔ	에	ㅔ	E	ㅔ				
ㅒ	얘	ㅒ	Yae	ㅒ				
ㅖ	예	ㅖ	Ye	ㅖ				
ㅘ	와	ㅘ	Wa	ㅘ				
ㅙ	왜	ㅙ	Wae	ㅙ				
ㅚ	외	ㅚ	Oe	ㅚ				
ㅝ	워	ㅝ	Wo	ㅝ				
ㅞ	웨	ㅞ	We	ㅞ				
ㅟ	위	ㅟ	Wi	ㅟ				
ㅢ	의	ㅢ	Ui	ㅢ				

제4장

음절표

ជំពូកទី 4 តារាងព្យាង្គ

01 자음+모음(ㅏ)
[ព្យញ្ជនៈ + ស្រៈ(ㅏ)]

월   일

자음+모음(ㅏ) 읽기 [ការអាន ព្យញ្ជនៈ + ស្រៈ(ㅏ)]

가	나	다	라	마
Ga	Na	Da	Ra	Ma
바	사	아	자	차
Ba	Sa	A	Ja	Cha
카	타	파	하	
Ka	Ta	Pa	Ha	

자음+모음(ㅏ) 쓰기 [ការសរសេរ ព្យញ្ជនៈ + ស្រៈ(ㅏ)]

가	나	다	라	마
Ga	Na	Da	Ra	Ma
바	사	아	자	차
Ba	Sa	A	Ja	Cha
카	타	파	하	
Ka	Ta	Pa	Ha	

월   일

자음+모음(ㅏ) 익히기 [ការរៀន ព្យញ្ជនៈ + ស្រៈ(ㅏ)]

다음 자음+모음(ㅏ)을 쓰는 순서에 맞게 따라 쓰세요.

(សូមសរសេរ ព្យញ្ជនៈ + ស្រៈ(ㅏ)ខាងក្រោមតាមលំដាប់គ្រឹមត្រូវ។)

자음+모음(ㅏ)	이름	쓰는 순서	영어 표기	쓰기				
ㄱ+ㅏ	가	가	Ga	가				
ㄴ+ㅏ	나	나	Na	나				
ㄷ+ㅏ	다	다	Da	다				
ㄹ+ㅏ	라	라	Ra	라				
ㅁ+ㅏ	마	마	Ma	마				
ㅂ+ㅏ	바	바	Ba	바				
ㅅ+ㅏ	사	사	Sa	사				
ㅇ+ㅏ	아	아	A	아				
ㅈ+ㅏ	자	자	Ja	자				
ㅊ+ㅏ	차	차	Cha	차				
ㅋ+ㅏ	카	카	Ka	카				
ㅌ+ㅏ	타	타	Ta	타				
ㅍ+ㅏ	파	파	Pa	파				
ㅎ+ㅏ	하	하	Ha	하				

O2 자음+모음(ㅓ)
[ព្យញ្ជនៈ + ស្រៈ(ㅓ)]

월 일

자음+모음(ㅓ) 읽기 [ការអាន ព្យញ្ជនៈ + ស្រៈ(ㅓ)]

거	너	더	러	머
Geo	Neo	Deo	Reo	Meo
버	서	어	저	처
Beo	Seo	Eo	Jeo	Cheo
커	터	퍼	허	
Keo	Teo	Peo	Heo	

자음+모음(ㅓ) 쓰기 [ការសរសេរ ព្យញ្ជនៈ + ស្រៈ(ㅓ)]

거	너	더	러	머
Geo	Neo	Deo	Reo	Meo
버	서	어	저	처
Beo	Seo	Eo	Jeo	Cheo
커	터	퍼	허	
Keo	Teo	Peo	Heo	

02 자음+모음 (ㅓ)
[ព្យញ្ជនៈ + ស្រៈ (ㅓ)]

월   일

자음+모음 (ㅓ) 익히기 [ការរៀន ព្យញ្ជនៈ + ស្រៈ (ㅓ)]

다음 자음+모음 (ㅓ)을 쓰는 순서에 맞게 따라 쓰세요.

(សូមសរសេរ ព្យញ្ជនៈ + ស្រៈ (ㅓ) ខាងក្រោមតាមលំដាប់ត្រឹមត្រូវ។)

자음+모음 (ㅓ)	이름	쓰는 순서	영어 표기	쓰기			
ㄱ+ㅓ	거	거	Geo	거			
ㄴ+ㅓ	너	너	Neo	너			
ㄷ+ㅓ	더	더	Deo	더			
ㄹ+ㅓ	러	러	Reo	러			
ㅁ+ㅓ	머	머	Meo	머			
ㅂ+ㅓ	버	버	Beo	버			
ㅅ+ㅓ	서	서	Seo	서			
ㅇ+ㅓ	어	어	Eo	어			
ㅈ+ㅓ	저	저	Jeo	저			
ㅊ+ㅓ	처	처	Cheo	처			
ㅋ+ㅓ	커	커	Keo	커			
ㅌ+ㅓ	터	터	Teo	터			
ㅍ+ㅓ	퍼	퍼	Peo	퍼			
ㅎ+ㅓ	허	허	Heo	허			

03 자음+모음(ㅗ)

[ព្យញ្ជនៈ + ស្រៈ(ㅗ)]

월   일

자음+모음(ㅗ) 읽기 [ការអាន ព្យញ្ជនៈ + ស្រៈ(ㅗ)]

고	노	도	로	모
Go	No	Do	Ro	Mo
보	소	오	조	초
Bo	So	O	Jo	Cho
코	토	포	호	
Ko	To	Po	Ho	

자음+모음(ㅗ) 쓰기 [ការសរសេរ ព្យញ្ជនៈ + ស្រៈ(ㅗ)]

고	노	도	로	모
Go	No	Do	Ro	Mo
보	소	오	조	초
Bo	So	O	Jo	Cho
코	토	포	호	
Ko	To	Po	Ho	

자음+모음(ㅗ)
[ព្យញ្ជនៈ + ស្រៈ(ㅗ)]

자음+모음(ㅗ) 익히기 [ការរៀន ព្យញ្ជនៈ + ស្រៈ(ㅗ)]

다음 자음+모음(ㅗ)을 쓰는 순서에 맞게 따라 쓰세요.

(សូមសរសេរ ព្យញ្ជនៈ + ស្រៈ(ㅗ)ខាងក្រោមតាមលំដាប់ត្រឹមត្រូវ។)

자음+모음(ㅗ)	이름	쓰는 순서	영어 표기	쓰기			
ㄱ+ㅗ	고	고	Go	고			
ㄴ+ㅗ	노	노	No	노			
ㄷ+ㅗ	도	도	Do	도			
ㄹ+ㅗ	로	로	Ro	로			
ㅁ+ㅗ	모	모	Mo	모			
ㅂ+ㅗ	보	보	Bo	보			
ㅅ+ㅗ	소	소	So	소			
ㅇ+ㅗ	오	오	O	오			
ㅈ+ㅗ	조	조	Jo	조			
ㅊ+ㅗ	초	초	Cho	초			
ㅋ+ㅗ	코	코	Ko	코			
ㅌ+ㅗ	토	토	To	토			
ㅍ+ㅗ	포	포	Po	포			
ㅎ+ㅗ	호	호	Ho	호			

04 자음+모음(ㅜ)
[ព្យញ្ជនៈ + ស្រៈ(ㅜ)]

월   일

자음+모음(ㅜ) 읽기 [ការអាន ព្យញ្ជនៈ + ស្រៈ(ㅜ)]

구	누	두	루	무
Gu	Nu	Du	Ru	Mu
부	수	우	주	추
Bu	Su	U	Ju	Chu
쿠	투	푸	후	
Ku	Tu	Pu	Hu	

자음+모음(ㅜ) 쓰기 [ការសរសេរ ព្យញ្ជនៈ + ស្រៈ(ㅜ)]

구	누	두	루	무
Gu	Nu	Du	Ru	Mu
부	수	우	주	추
Bu	Su	U	Ju	Chu
쿠	투	푸	후	
Ku	Tu	Pu	Hu	

자음+모음(ㅜ)

[ព្យញ្ជនៈ + ស្រៈ(ㅜ)]

월   일

자음+모음(ㅜ) 익히기 [ការរៀន ព្យញ្ជនៈ + ស្រៈ(ㅜ)]

다음 자음+모음(ㅜ)을 쓰는 순서에 맞게 따라 쓰세요.

(សូមសរសេរ ព្យញ្ជនៈ + ស្រៈ(ㅜ)ខាងក្រោមតាមលំដាប់ត្រឹមត្រូវ។)

자음+모음(ㅜ)	이름	쓰는 순서	영어 표기	쓰기
ㄱ+ㅜ	구	구	Gu	구
ㄴ+ㅜ	누	누	Nu	누
ㄷ+ㅜ	두	두	Du	두
ㄹ+ㅜ	루	루	Ru	루
ㅁ+ㅜ	무	무	Mu	무
ㅂ+ㅜ	부	부	Bu	부
ㅅ+ㅜ	수	수	Su	수
ㅇ+ㅜ	우	우	U	우
ㅈ+ㅜ	주	주	Ju	주
ㅊ+ㅜ	추	추	Chu	추
ㅋ+ㅜ	쿠	쿠	Ku	쿠
ㅌ+ㅜ	투	투	Tu	투
ㅍ+ㅜ	푸	푸	Pu	푸
ㅎ+ㅜ	후	후	Hu	후

05 자음+모음(ㅡ)
[ព្យញ្ជនៈ + ស្រៈ(ㅡ)]

월 일

자음+모음(ㅡ) 읽기 [ការអាន ព្យញ្ជនៈ + ស្រៈ(ㅡ)]

그	느	드	르	므
Geu	Neu	Deu	Reu	Meu
브	스	으	즈	츠
Beu	Seu	Eu	Jeu	Cheu
크	트	프	흐	
Keu	Teu	Peu	Heu	

자음+모음(ㅡ) 쓰기 [ការសរសេរ ព្យញ្ជនៈ + ស្រៈ(ㅡ)]

그	느	드	르	므
Geu	Neu	Deu	Reu	Meu
브	스	으	즈	츠
Beu	Seu	Eu	Jeu	Cheu
크	트	프	흐	
Keu	Teu	Peu	Heu	

자음+모음(ㅡ)

[ព្យញ្ជនៈ + ស្រៈ(ㅡ)]

자음+모음(ㅡ) 익히기 [ការរៀន ព្យញ្ជនៈ + ស្រៈ(ㅡ)]

다음 자음+모음(ㅡ)을 쓰는 순서에 맞게 따라 쓰세요.

(សូមសរសេរ ព្យញ្ជនៈ + ស្រៈ(ㅡ)ខាងក្រោមតាមលំដាប់ត្រឹមត្រូវ។)

자음+모음(ㅡ)	이름	쓰는 순서	영어 표기	쓰기			
ㄱ+ㅡ	그	그	Geu	그			
ㄴ+ㅡ	느	느	Neu	느			
ㄷ+ㅡ	드	드	Deu	드			
ㄹ+ㅡ	르	르	Reu	르			
ㅁ+ㅡ	므	므	Meu	므			
ㅂ+ㅡ	브	브	Beu	브			
ㅅ+ㅡ	스	스	Seu	스			
ㅇ+ㅡ	으	으	Eu	으			
ㅈ+ㅡ	즈	즈	Jeu	즈			
ㅊ+ㅡ	츠	츠	Cheu	츠			
ㅋ+ㅡ	크	크	Keu	크			
ㅌ+ㅡ	트	트	Teu	트			
ㅍ+ㅡ	프	프	Peu	프			
ㅎ+ㅡ	흐	흐	Heu	흐			

06 자음+모음(ㅑ)

[ក្យុញ្ចន: + ស្រៈ(ㅑ)]

자음+모음(ㅑ) 읽기 [ការអាន ក្យុញ្ចន: + ស្រៈ(ㅑ)]

갸	냐	댜	랴	먀
Gya	Nya	Dya	Rya	Mya
뱌	샤	야	쟈	챠
Bya	Sya	Ya	Jya	Chya
캬	탸	퍄	햐	
Kya	Tya	Pya	Hya	

자음+모음(ㅑ) 쓰기 [ការសរសេរ ក្យុញ្ចន: + ស្រៈ(ㅑ)]

갸	냐	댜	랴	먀
Gya	Nya	Dya	Rya	Mya
뱌	샤	야	쟈	챠
Bya	Sya	Ya	Jya	Chya
캬	탸	퍄	햐	
Kya	Tya	Pya	Hya	

자음+모음(ㅑ)
[ព្យញ្ជនៈ + ស្រៈ(ㅑ)]

월   일

자음+모음(ㅑ) 익히기 [ការរៀន ព្យញ្ជនៈ + ស្រៈ(ㅑ)]

다음 자음+모음(ㅑ)을 쓰는 순서에 맞게 따라 쓰세요.

(សូមសរសេរ ព្យញ្ជនៈ + ស្រៈ(ㅑ)ខាងក្រោមតាមលំដាប់ត្រឹមត្រូវ។)

자음+모음(ㅑ)	이름	쓰는 순서	영어 표기	쓰기				
ㄱ+ㅑ	갸	갸	Gya	갸				
ㄴ+ㅑ	냐	냐	Nya	냐				
ㄷ+ㅑ	댜	댜	Dya	댜				
ㄹ+ㅑ	랴	랴	Rya	랴				
ㅁ+ㅑ	먀	먀	Mya	먀				
ㅂ+ㅑ	뱌	뱌	Bya	뱌				
ㅅ+ㅑ	샤	샤	Sya	샤				
ㅇ+ㅑ	야	야	Ya	야				
ㅈ+ㅑ	쟈	쟈	Jya	쟈				
ㅊ+ㅑ	챠	챠	Chya	챠				
ㅋ+ㅑ	캬	캬	Kya	캬				
ㅌ+ㅑ	탸	탸	Tya	탸				
ㅍ+ㅑ	퍄	퍄	Pya	퍄				
ㅎ+ㅑ	햐	햐	Hya	햐				

자음＋모음(ㅕ) 읽기 [ការអាន ព្យញ្ជនៈ + ស្រៈ(ㅕ)]

겨	녀	뎌	려	며
Gyeo	Nyeo	Dyeo	Ryeo	Myeo
벼	셔	여	져	쳐
Byeo	Syeo	Yeo	Jyeo	Chyeo
켜	텨	펴	혀	
Kya	Tyeo	Pyeo	Hyeo	

자음＋모음(ㅕ) 쓰기 [ការសរសេរ ព្យញ្ជនៈ + ស្រៈ(ㅕ)]

겨	녀	뎌	려	며
Gyeo	Nyeo	Dyeo	Rya	Myeo
벼	셔	여	져	쳐
Byeo	Syeo	Yeo	Jyeo	Chyeo
켜	텨	펴	혀	
Kyeo	Tyeo	Pyeo	Hyeo	

자음+모음 (ㅕ)
[ព្យញ្ជនៈ + ស្រៈ (ㅕ)]

자음+모음 (ㅕ) 익히기 [ការរៀន ព្យញ្ជនៈ + ស្រៈ (ㅕ)]

다음 자음+모음 (ㅕ)을 쓰는 순서에 맞게 따라 쓰세요.

(សូមសរសេរ ព្យញ្ជនៈ + ស្រៈ (ㅕ) ខាងក្រោមតាមលំដាប់ត្រឹមត្រូវ។)

자음+모음 (ㅕ)	이름	쓰는 순서	영어 표기	쓰기				
ㄱ+ㅕ	겨	겨	Gyeo	겨				
ㄴ+ㅕ	녀	녀	Nyeo	녀				
ㄷ+ㅕ	뎌	뎌	Dyeo	뎌				
ㄹ+ㅕ	려	려	Ryeo	려				
ㅁ+ㅕ	며	며	Myeo	며				
ㅂ+ㅕ	벼	벼	Byeo	벼				
ㅅ+ㅕ	셔	셔	Syeo	셔				
ㅇ+ㅕ	여	여	Yeo	여				
ㅈ+ㅕ	져	져	Jyeo	져				
ㅊ+ㅕ	쳐	쳐	Chyeo	쳐				
ㅋ+ㅕ	켜	켜	Kyeo	켜				
ㅌ+ㅕ	텨	텨	Tyeo	텨				
ㅍ+ㅕ	펴	펴	Pyeo	펴				
ㅎ+ㅕ	펴	혀	Hyeo	혀				

자음+모음(ㅛ) 읽기 [ការអាន ព្យញ្ជនៈ + ស្រៈ(ㅛ)]

교	뇨	됴	료	묘
Gyo	Nyo	Dyo	Ryo	Myo
뵤	쇼	요	죠	쵸
Byo	Syo	Yo	Jyo	Chyo
쿄	툐	표	효	
Kyo	Tyo	Pyo	Hyo	

자음+모음(ㅛ) 쓰기 [ការសរសេរ ព្យញ្ជនៈ + ស្រៈ(ㅛ)]

교	뇨	됴	료	묘
Gyo	Nyo	Dyo	Ryo	Myo
뵤	쇼	요	죠	쵸
Byo	Syo	Yo	Jyo	Chyo
쿄	툐	표	효	
Kyo	Tyo	Pyo	Hyo	

08 자음+모음(ㅛ)
[ព្យញ្ជនៈ + ស្រៈ(ㅛ)]

자음+모음(ㅛ) 익히기 [ការរៀន ព្យញ្ជនៈ + ស្រៈ(ㅛ)]

다음 자음+모음(ㅛ)을 쓰는 순서에 맞게 따라 쓰세요.

(សូមសរសេរ ព្យញ្ជនៈ + ស្រៈ(ㅛ)ខាងក្រោមតាមលំដាប់ត្រឹមត្រូវ។)

자음+모음(ㅛ)	이름	쓰는 순서	영어 표기	쓰기					
ㄱ+ㅛ	교		Gyo	교					
ㄴ+ㅛ	뇨		Nyo	뇨					
ㄷ+ㅛ	됴		Dyo	됴					
ㄹ+ㅛ	료		Ryo	료					
ㅁ+ㅛ	묘		Myo	묘					
ㅂ+ㅛ	뵤		Byo	뵤					
ㅅ+ㅛ	쇼		Syo	쇼					
ㅇ+ㅛ	요		Yo	요					
ㅈ+ㅛ	죠		Jyo	죠					
ㅊ+ㅛ	쵸		Chyo	쵸					
ㅋ+ㅛ	쿄		Kyo	쿄					
ㅌ+ㅛ	툐		Tyo	툐					
ㅍ+ㅛ	표		Pyo	표					
ㅎ+ㅛ	효		Hyo	효					

09 자음+모음(ㅠ)
[ព្យញ្ជនៈ + ស្រៈ(ㅠ)]

자음+모음(ㅠ) 읽기 [ការអាន ព្យញ្ជនៈ + ស្រៈ(ㅠ)]

규	뉴	듀	류	뮤
Gyu	Nyu	Dyu	Ryu	Myu
뷰	슈	유	쥬	츄
Byu	Syu	Yu	Jyu	Chyu
큐	튜	퓨	휴	
Kyu	Tyu	Pyu	Hyu	

자음+모음(ㅠ) 쓰기 [ការសរសេរ ព្យញ្ជនៈ + ស្រៈ(ㅠ)]

규	뉴	듀	류	뮤
Gyu	Nyu	Dyu	Ryu	Myu
뷰	슈	유	쥬	츄
Byu	Syu	Yu	Jyu	Chyu
큐	튜	퓨	휴	
Kyu	Tyu	Pyu	Hyu	

자음+모음(ㅠ) 익히기 [ការរៀន ព្យញ្ជនៈ + ស្រៈ(ㅠ)]

다음 자음+모음(ㅠ)을 쓰는 순서에 맞게 따라 쓰세요.

(សូមសរសេរ ព្យញ្ជនៈ + ស្រៈ(ㅠ)ខាងក្រោមតាមលំដាប់ត្រឹមត្រូវ។)

자음+모음(ㅠ)	이름	쓰는 순서	영어 표기	쓰기				
ㄱ+ㅠ	규	규	Gyu	규				
ㄴ+ㅠ	뉴	뉴	Nyu	뉴				
ㄷ+ㅠ	듀	듀	Dyu	듀				
ㄹ+ㅠ	류	류	Ryu	류				
ㅁ+ㅠ	뮤	뮤	Myu	뮤				
ㅂ+ㅠ	뷰	뷰	Byu	뷰				
ㅅ+ㅠ	슈	슈	Syu	슈				
ㅇ+ㅠ	유	유	Yu	유				
ㅈ+ㅠ	쥬	쥬	Jyu	쥬				
ㅊ+ㅠ	츄	츄	Chyu	츄				
ㅋ+ㅠ	큐	큐	Kyu	큐				
ㅌ+ㅠ	튜	튜	Tyu	튜				
ㅍ+ㅠ	퓨	퓨	Pyu	퓨				
ㅎ+ㅠ	휴	휴	Hyu	휴				

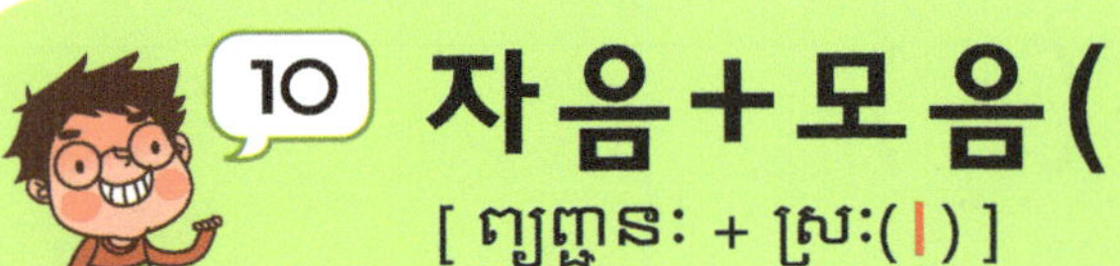

10 자음+모음(ㅣ)
[ព្យញ្ជនៈ + ស្រៈ(ㅣ)]

월 일

자음+모음(ㅣ) 읽기 [ការអាន ព្យញ្ជនៈ + ស្រៈ(ㅣ)]

기	니	디	리	미
Gi	Ni	Di	Ri	Mi
비	시	이	지	치
Bi	Si	I	Ji	Chi
키	티	피	히	
Ki	Ti	Pi	Hi	

자음+모음(ㅣ) 쓰기 [ការសរសេរ ព្យញ្ជនៈ + ស្រៈ(ㅣ)]

기	니	디	리	미
Gi	Ni	Di	Ri	Mi
비	시	이	지	치
Bi	Si	I	Ji	Chi
키	티	피	히	
Ki	Ti	Pi	Hi	

자음+모음(ㅣ) 익히기 [ការរៀន ព្យញ្ជនៈ + ស្រៈ(ㅣ)]

다음 자음+모음(ㅣ)을 쓰는 순서에 맞게 따라 쓰세요.

(សូមសរសេរ ព្យញ្ជនៈ + ស្រៈ(ㅣ)ខាងក្រោមតាមលំដាប់ត្រឹមត្រូវ។)

자음+모음(ㅣ)	이름	쓰는 순서	영어 표기	쓰기					
ㄱ+ㅣ	기	기	Gi	기					
ㄴ+ㅣ	니	니	Ni	니					
ㄷ+ㅣ	디	디	Di	디					
ㄹ+ㅣ	리	리	Ri	리					
ㅁ+ㅣ	미	미	Mi	미					
ㅂ+ㅣ	비	비	Bi	비					
ㅅ+ㅣ	시	시	Si	시					
ㅇ+ㅣ	이	이	I	이					
ㅈ+ㅣ	지	지	Ji	지					
ㅊ+ㅣ	치	치	Chi	치					
ㅋ+ㅣ	키	키	Ki	키					
ㅌ+ㅣ	티	티	Ti	티					
ㅍ+ㅣ	피	피	Pi	피					
ㅎ+ㅣ	히	히	Hi	히					

한글 자음과 모음 받침표

[ការង ជើងអក្សរ ព្យញ្ជនៈ និងស្រៈអក្សរកូរ៉េ]

월   일

※ 참고 : 받침 'ㄱ~ㅎ'(49p~62P)에서 학습할 내용

mp3 / 받침	가	나	다	라	마	바	사	아	자	차	카	타	파	하
ㄱ	각	낙	닥	락	막	박	삭	악	작	착	칵	탁	팍	학
ㄴ	간	난	단	란	만	반	산	안	잔	찬	칸	탄	판	한
ㄷ	갇	낟	닫	랃	맏	받	삳	앋	잗	찯	칻	탇	팓	핟
ㄹ	갈	날	달	랄	말	발	살	알	잘	찰	칼	탈	팔	할
ㅁ	감	남	담	람	맘	밤	삼	암	잠	참	캄	탐	팜	함
ㅂ	갑	납	답	랍	맙	밥	삽	압	잡	찹	캅	탑	팝	합
ㅅ	갓	낫	닷	랏	맛	밧	삿	앗	잣	찻	캇	탓	팟	핫
ㅇ	강	낭	당	랑	망	방	상	앙	장	창	캉	탕	팡	항
ㅈ	갖	낮	닺	랒	맞	밪	샂	앚	잦	챚	캊	탖	팢	핮
ㅊ	갗	낯	닻	랓	맟	밫	샃	앛	잧	챛	캋	탗	팣	핯
ㅋ	갘	낰	닼	랔	맠	밬	샄	앜	잨	챜	캌	탘	팤	핰
ㅌ	같	낱	닽	랕	맡	밭	샅	앝	잩	챝	캍	탙	팥	핱
ㅍ	갚	낲	닾	랖	맢	밮	샆	앞	잪	챞	캎	탚	팦	핲
ㅎ	갛	낳	닿	랗	맣	밯	샇	앟	잫	챟	캏	탛	팧	핳

រៀនអក្សរកូរ៉េជាមូលដ្ឋានសម្រាប់ប្រជាជននិយាយភាសាខ្មែរ

제5장

자음과 겹모음

ជំពូកទី 5 ព្យញ្ជនៈ និង ស្រៈជួំ

국어국립원의 '우리말샘'에 등록되지 않은 글자. 또는 쓰임이 적은 글자를 아래와 같이 수록하니, 학습에 참고하시길 바랍니다.

페이지	'우리말샘'에 등록되지 않은 글자. 또는 쓰임이 적은 글자
42p	뎨(Dye) 볘(Bye) 졔(Jye) 쳬(Chye) 톄(Tye)
43p	돠(Dwa) 롸(Rwa) 뫄(Mwa) 톼(Twa) 퐈(Pwa)
44p	놰(Nwae) 뢔(Rwae) 뫠(Mwae) 쵀(Chwae) 퐤(Pwae)
46p	풔(Pwo)
48p	듸(Dui) 릐(Rui) 믜(Mui) 븨(Bui) 싀(Sui) 즤(Jui) 츼(Chui) 킈(Kui)
51p	랃(Rat) 앋(At) 찯(Chat) 칻(Kat) 탇(Tat) 팓(Pat)
57p	삿(Sat) 캇(Kat) 탓(Tat) 팟(Pat) 핫(Hat)
58p	랒(Rat) 맞(Mat) 밫(Bat) 샂(Sat) 앚(At) 잧(Jat) 찾(Chat) 캋(Chat) 탗(Tat) 팢(Pat) 핯(Hat)
59p	각(Gak) 낙(Nak) 닥(Dak) 락(Rak) 막(Mak) 박(Bak) 삭(Sak) 작(Jak) 착(Chak) 칵(Kak) 팍(Pak) 학(Hak)
60p	닫(Dat) 랕(Rat) 잩(Jat) 챹(Chat) 캍(Kat) 탙(Tat) 핱(Hat)
61p	닪(Dap) 맢(Map) 밦(Bap) 찺(Chap) 캎(Kap) 탚(Tap) 팦(Pap) 핪(Hap)
62p	밭(Bat) 샅(Sat) 앝(At) 잩(Jat) 챁(Chat) 캍(Kat) 탙(Tat) 팥(Pat) 핱(Hat)

자음+겹모음 (ㅐ)
[ព្យញ្ជនៈ និង ស្រៈផ្សំ (ㅐ)]

월   일

자음+겹모음 (ㅐ) [ព្យញ្ជនៈ និង ស្រៈផ្សំ (ㅐ)]

다음 자음+겹모음(ㅐ)을 쓰는 순서에 맞게 따라 쓰세요.

(សូមសរសេរ ព្យញ្ជនៈ និង ស្រៈផ្សំ (ㅐ) ខាងក្រោមតាមលំដាប់ត្រឹមត្រូវ។)

자음+겹모음(ㅐ)	영어 표기	쓰기				
ㄱ+ㅐ	Gae	개				
ㄴ+ㅐ	Nae	내				
ㄷ+ㅐ	Dae	대				
ㄹ+ㅐ	Rae	래				
ㅁ+ㅐ	Mae	매				
ㅂ+ㅐ	Bae	배				
ㅅ+ㅐ	Sae	새				
ㅇ+ㅐ	Ae	애				
ㅈ+ㅐ	Jae	재				
ㅊ+ㅐ	Chae	채				
ㅋ+ㅐ	Kae	캐				
ㅌ+ㅐ	Tae	태				
ㅍ+ㅐ	Pae	패				
ㅎ+ㅐ	Hae	해				

자음+겹모음 (ㅔ)
[ព្យញ្ជនៈ និង ស្រៈផ្សំ (ㅔ)]

월   일

자음+겹모음(ㅔ) [ព្យញ្ជនៈ និង ស្រៈផ្សំ (ㅔ)]

다음 자음+겹모음(ㅔ)을 쓰는 순서에 맞게 따라 쓰세요.

(សូមសរសេរ ព្យញ្ជនៈ និង ស្រៈផ្សំ(ㅔ)ខាងក្រោមតាមលំដាប់ត្រឹមត្រូវ។)

자음+겹모음(ㅔ)	영어 표기	쓰기						
ㄱ+ㅔ	Ge	게						
ㄴ+ㅔ	Ne	네						
ㄷ+ㅔ	De	데						
ㄹ+ㅔ	Re	레						
ㅁ+ㅔ	Me	메						
ㅂ+ㅔ	Be	베						
ㅅ+ㅔ	Se	세						
ㅇ+ㅔ	E	에						
ㅈ+ㅔ	Je	제						
ㅊ+ㅔ	Che	체						
ㅋ+ㅔ	Ke	케						
ㅌ+ㅔ	Te	테						
ㅍ+ㅔ	Pe	페						
ㅎ+ㅔ	He	헤						

자음+겹모음(ㅖ)

[ព្យញ្ជនៈ និង ស្រៈផ្សំ (ㅖ)]

월   일

자음+겹모음(ㅖ) [ព្យញ្ជនៈ និង ស្រៈផ្សំ (ㅖ)]

다음 자음+겹모음(ㅖ)을 쓰는 순서에 맞게 따라 쓰세요.

(សូមសរសេរ ព្យញ្ជនៈ និង ស្រៈផ្សំ (ㅖ) ខាងក្រោមតាមលំដាប់ត្រឹមត្រូវ។)

자음+겹모음(ㅖ)	영어 표기	쓰기						
ㄱ+ㅖ	Gye	계						
ㄴ+ㅖ	Nye	녜						
ㄷ+ㅖ	Dye	뎨						
ㄹ+ㅖ	Rye	례						
ㅁ+ㅖ	Mye	몌						
ㅂ+ㅖ	Bye	볘						
ㅅ+ㅖ	Sye	셰						
ㅇ+ㅖ	Ye	예						
ㅈ+ㅖ	Jye	졔						
ㅊ+ㅖ	Chye	쳬						
ㅋ+ㅖ	Kye	켸						
ㅌ+ㅖ	Tye	톄						
ㅍ+ㅖ	Pye	폐						
ㅎ+ㅖ	Hye	혜						

자음+겹모음(ㅘ)
[ញ្ញៀន: និង ស្រៈផ្សំ (ㅘ)]

월   일

자음+겹모음(ㅘ) [ញ្ញៀន: និង ស្រៈផ្សំ (ㅘ)]

다음 자음+겹모음(ㅘ)을 쓰는 순서에 맞게 따라 쓰세요.

(សូមសរសេរ ញ្ញៀន: និង ស្រៈផ្សំ(ㅘ)ខាងក្រោមតាមលំដាប់ត្រឹមត្រូវ។)

자음+겹모음(ㅘ)	영어 표기	쓰기					
ㄱ+ㅘ	Gwa	과					
ㄴ+ㅘ	Nwa	놔					
ㄷ+ㅘ	Dwa	돠					
ㄹ+ㅘ	Rwa	롸					
ㅁ+ㅘ	Mwa	뫄					
ㅂ+ㅘ	Bwa	봐					
ㅅ+ㅘ	Swa	솨					
ㅇ+ㅘ	Wa	와					
ㅈ+ㅘ	Jwa	좌					
ㅊ+ㅘ	Chwa	촤					
ㅋ+ㅘ	Kwa	콰					
ㅌ+ㅘ	Twa	톼					
ㅍ+ㅘ	Pwa	퐈					
ㅎ+ㅘ	Hwa	화					

자음＋겹모음(ㅙ)
[ព្យញ្ជនៈ និង ស្រៈផ្សំ (ㅙ)]

월　　일

자음＋겹모음(ㅙ) [ព្យញ្ជនៈ និង ស្រៈផ្សំ (ㅙ)]

다음 자음＋겹모음(ㅙ)을 쓰는 순서에 맞게 따라 쓰세요.

(សូមសរសេរ ព្យញ្ជនៈ និង ស្រៈផ្សំ(ㅙ)ខាងក្រោមតាមលំដាប់ត្រឹមត្រូវ។)

자음＋겹모음(ㅙ)	영어 표기	쓰기					
ㄱ＋ㅙ	Gwae	괘					
ㄴ＋ㅙ	Nwae	놰					
ㄷ＋ㅙ	Dwae	돼					
ㄹ＋ㅙ	Rwae	뢔					
ㅁ＋ㅙ	Mwae	뫠					
ㅂ＋ㅙ	Bwae	봬					
ㅅ＋ㅙ	Swae	쇄					
ㅇ＋ㅙ	Wae	왜					
ㅈ＋ㅙ	Jwae	좨					
ㅊ＋ㅙ	Chwae	쵀					
ㅋ＋ㅙ	Kwae	쾌					
ㅌ＋ㅙ	Twae	퇘					
ㅍ＋ㅙ	Pwae	퐤					
ㅎ＋ㅙ	Hwae	홰					

06 자음+겹모음(ㅚ)
[ព្យញ្ជនៈ និង ស្រៈផ្សំ (ㅚ)]

월   일

자음+겹모음(ㅚ) [ព្យញ្ជនៈ និង ស្រៈផ្សំ (ㅚ)]

다음 자음+겹모음(ㅚ)을 쓰는 순서에 맞게 따라 쓰세요.

(សូមសរសេរ ព្យញ្ជនៈ និង ស្រៈផ្សំ(ㅚ)ខាងក្រោមតាមលំដាប់ត្រឹមត្រូវ។)

자음+겹모음(ㅚ)	영어 표기	쓰기						
ㄱ+ㅚ	Goe	괴						
ㄴ+ㅚ	Noe	뇌						
ㄷ+ㅚ	Doe	되						
ㄹ+ㅚ	Roe	뢰						
ㅁ+ㅚ	Moe	뫼						
ㅂ+ㅚ	Boe	뵈						
ㅅ+ㅚ	Soe	쇠						
ㅇ+ㅚ	Oe	외						
ㅈ+ㅚ	Joe	죄						
ㅊ+ㅚ	Choe	최						
ㅋ+ㅚ	Koe	쾨						
ㅌ+ㅚ	Toe	퇴						
ㅍ+ㅚ	Poe	푀						
ㅎ+ㅚ	Hoe	회						

07 자음+겹모음 (ㅝ)
[ព្យញ្ជនៈ និង ស្រៈផ្សំ (ㅝ)]

월　일

자음+겹모음 (ㅝ)　[ព្យញ្ជនៈ និង ស្រៈផ្សំ (ㅝ)]

다음 자음+겹모음(ㅝ)을 쓰는 순서에 맞게 따라 쓰세요.

(សូមសរសេរ ព្យញ្ជនៈ និង ស្រៈផ្សំ(ㅝ)ខាងក្រោមតាមលំដាប់ត្រឹមត្រូវ។)

자음+겹모음 (ㅝ)	영어 표기	쓰기					
ㄱ+ㅝ	Gwo	궈					
ㄴ+ㅝ	Nwo	눠					
ㄷ+ㅝ	Dwo	둬					
ㄹ+ㅝ	Rwo	뤄					
ㅁ+ㅝ	Mwo	뭐					
ㅂ+ㅝ	Bwo	붜					
ㅅ+ㅝ	Swo	숴					
ㅇ+ㅝ	Wo	워					
ㅈ+ㅝ	Jwo	줘					
ㅊ+ㅝ	Chwo	춰					
ㅋ+ㅝ	Kwo	쿼					
ㅌ+ㅝ	Two	퉈					
ㅍ+ㅝ	Pwo	풔					
ㅎ+ㅝ	Hwo	훠					

08 자음+겹모음 (ㅟ)

[ព្យញ្ជនៈ និង ស្រៈផ្សំ (ㅟ)]

자음+겹모음 (ㅟ) [ព្យញ្ជនៈ និង ស្រៈផ្សំ (ㅟ)]

다음 자음+겹모음 (ㅟ)을 쓰는 순서에 맞게 따라 쓰세요.

(សូមសរសេរ ព្យញ្ជនៈ និង ស្រៈផ្សំ (ㅟ)ខាងក្រោមតាមលំដាប់ត្រឹមត្រូវ។)

자음+겹모음 (ㅟ)	영어 표기	쓰기					
ㄱ+ㅟ	Gwi	귀					
ㄴ+ㅟ	Nwi	뉘					
ㄷ+ㅟ	Dwi	뒤					
ㄹ+ㅟ	Rwi	뤼					
ㅁ+ㅟ	Mwi	뮈					
ㅂ+ㅟ	Bwi	뷔					
ㅅ+ㅟ	Swi	쉬					
ㅇ+ㅟ	Wi	위					
ㅈ+ㅟ	Jwi	쥐					
ㅊ+ㅟ	Chwi	취					
ㅋ+ㅟ	Kwi	퀴					
ㅌ+ㅟ	Twi	튀					
ㅍ+ㅟ	Pwi	퓌					
ㅎ+ㅟ	Hwi	휘					

09 자음+겹모음(ㅟ)

[ព្យញ្ជនៈ និង ស្រៈផ្សំ (ㅟ)]

자음+겹모음(ㅟ) [ព្យញ្ជនៈ និង ស្រៈផ្សំ (ㅟ)]

다음 자음+겹모음(ㅟ)을 쓰는 순서에 맞게 따라 쓰세요.

(សូមសរសេរ ព្យញ្ជនៈ និង ស្រៈផ្សំ(ㅟ)ខាងក្រោមតាមលំដាប់ត្រឹមត្រូវ។)

자음+겹모음(ㅟ)	영어 표기	쓰기					
ㄱ+ㅟ	Gwi	귀					
ㄴ+ㅟ	Nwi	뉘					
ㄷ+ㅟ	Dwi	뒤					
ㄹ+ㅟ	Rwi	뤼					
ㅁ+ㅟ	Mwi	뮈					
ㅂ+ㅟ	Bwi	뷔					
ㅅ+ㅟ	Swi	쉬					
ㅇ+ㅟ	Wi	위					
ㅈ+ㅟ	Jwi	쥐					
ㅊ+ㅟ	Chwi	취					
ㅋ+ㅟ	Kwi	퀴					
ㅌ+ㅟ	Twi	튀					
ㅍ+ㅟ	Pwi	퓌					
ㅎ+ㅟ	Hwi	휘					

10 받침 ㄱ(기역)이 있는 글자
[អក្សរដែលមានជើងអក្សរ 'ㄱ'(គីយ៉ក)]

월　일

받침 ㄱ(기역) [ជើងអក្សរ 'ㄱ' (គីយ៉ក)]

다음 받침 ㄱ(기역)이 들어간 글자를 쓰는 순서에 맞게 따라 쓰세요.
(សូមសរសេរអក្សរដែលមាន ជើងអក្សរ 'ㄱ'(គីយ៉ក) ខាងក្រោមតាមលំដាប់ត្រឹមត្រូវ។)

받침 ㄱ(기역)	영어 표기	쓰기					
가+ㄱ	Gak	각					
나+ㄱ	Nak	낙					
다+ㄱ	Dak	닥					
라+ㄱ	Rak	락					
마+ㄱ	Mak	막					
바+ㄱ	Bak	박					
사+ㄱ	Sak	삭					
아+ㄱ	Ak	악					
자+ㄱ	Jak	작					
차+ㄱ	Chak	착					
카+ㄱ	Kak	칵					
타+ㄱ	Tak	탁					
파+ㄱ	Pak	팍					
하+ㄱ	Hak	학					

받침 ㄴ(니은)이 있는 글자

[អក្សរដែលមានជើងអក្សរ 'ㄴ'(នីអឺន)]

월   일

받침 ㄴ(니은) [ជើងអក្សរ 'ㄴ' (នីអឺន)]

다음 받침 ㄴ(니은)이 들어간 글자를 쓰는 순서에 맞게 따라 쓰세요.

(សូមសរសេរអក្សរដែលមាន ជើងអក្សរ 'ㄴ'(នីអឺន) ខាងក្រោមតាមលំដាប់ត្រឹមត្រូវ។)

받침 ㄴ(니은)	영어 표기	쓰기					
가+ㄴ	Gan	간					
나+ㄴ	Nan	난					
다+ㄴ	Dan	단					
라+ㄴ	Ran	란					
마+ㄴ	Man	만					
바+ㄴ	Ban	반					
사+ㄴ	San	산					
아+ㄴ	An	안					
자+ㄴ	Jan	잔					
차+ㄴ	Chan	찬					
카+ㄴ	Kan	칸					
타+ㄴ	Tan	탄					
파+ㄴ	Pan	판					
하+ㄴ	Han	한					

⑫ 받침 ㄷ(디귿)이 있는 글자
[អក្សរដែលមានជើងអក្សរ 'ㄷ'(ជីគីត)]

받침 ㄷ(디귿) [ជើងអក្សរ 'ㄷ' (ជីគីត)]

다음 받침 ㄷ(디귿)이 들어간 글자를 쓰는 순서에 맞게 따라 쓰세요.
(សូមសរសេរអក្សរដែលមាន ជើងអក្សរ 'ㄷ'(ជីគីត) ខាងក្រោមតាមលំដាប់ត្រឹមត្រូវ។)

받침 ㄷ(디귿)	영어 표기	쓰기					
가+ㄷ	Gat	갇					
나+ㄷ	Nat	낟					
다+ㄷ	Dat	닫					
라+ㄷ	Rat	랃					
마+ㄷ	Mat	맏					
바+ㄷ	Bat	받					
사+ㄷ	Sat	삳					
아+ㄷ	At	앋					
자+ㄷ	Jat	잗					
차+ㄷ	Chat	찯					
카+ㄷ	Kat	칸					
타+ㄷ	Tat	탇					
파+ㄷ	Pat	팓					
하+ㄷ	Hat	핟					

받침 ㄹ(리을)이 있는 글자
[អក្សរដែលមានជើងអក្សរ 'ㄹ'(លីអើល)]

월   일

받침 ㄹ(리을) [ជើងអក្សរ 'ㄹ' (លីអើល)]

다음 받침 ㄹ(리을)이 들어간 글자를 쓰는 순서에 맞게 따라 쓰세요.

(សូមសរសេរអក្សរដែលមាន ជើងអក្សរ 'ㄹ'(លីអើល) ខាងក្រោមតាមលំដាប់ត្រឹមត្រូវ។)

받침 ㄹ(리을)	영어 표기	쓰기					
가+ㄹ	Gal	갈					
나+ㄹ	Nal	날					
다+ㄹ	Dal	달					
라+ㄹ	Ral	랄					
마+ㄹ	Mal	말					
바+ㄹ	Bal	발					
사+ㄹ	Sal	살					
아+ㄹ	Al	알					
자+ㄹ	Jal	잘					
차+ㄹ	Chal	찰					
카+ㄹ	Kal	칼					
타+ㄹ	Tal	탈					
파+ㄹ	Pal	팔					
하+ㄹ	Hal	할					

14 받침 ㅁ(미음)이 있는 글자
[អក្សរដែលមានជើងអក្សរ 'ㅁ'(មីអ៊ីម)]

월   일

받침 ㅁ(미음) [ជើងអក្សរ 'ㅁ' (មីអ៊ីម)]

다음 받침 ㅁ(미음)이 들어간 글자를 쓰는 순서에 맞게 따라 쓰세요.
(សូមសរសេរអក្សរដែលមាន ជើងអក្សរ 'ㅁ'(មីអ៊ីម) ខាងក្រោមតាមលំដាប់ត្រឹមត្រូវ។)

받침 ㅁ(미음)	영어 표기	쓰기						
가+ㅁ	Gam	감						
나+ㅁ	Nam	남						
다+ㅁ	Dam	담						
라+ㅁ	Ram	람						
마+ㅁ	Mam	맘						
바+ㅁ	Bam	밤						
사+ㅁ	Sam	삼						
아+ㅁ	Am	암						
자+ㅁ	Jam	잠						
차+ㅁ	Cham	참						
카+ㅁ	Kam	캄						
타+ㅁ	Tam	탐						
파+ㅁ	Pam	팜						
하+ㅁ	Ham	함						

15 받침 ㅂ(비읍)이 있는 글자
[អក្សរដែលមានជើងអក្សរ 'ㅂ'(ពីអឹប)]

받침 ㅂ(비읍) [ជើងអក្សរ 'ㅂ' (ពីអឹប)]

다음 받침 ㅂ(비읍)이 들어간 글자를 쓰는 순서에 맞게 따라 쓰세요.

(សូមសរសេរអក្សរដែលមាន ជើងអក្សរ 'ㅂ'(ពីអឹប) ខាងក្រោមតាមលំដាប់ត្រឹមត្រូវ។)

받침 ㅂ(비읍)	영어 표기	쓰기					
가+ㅂ	Gap	갑					
나+ㅂ	Nap	납					
다+ㅂ	Dap	답					
라+ㅂ	Rap	랍					
마+ㅂ	Map	맙					
바+ㅂ	Bap	밥					
사+ㅂ	Sap	삽					
아+ㅂ	Ap	압					
자+ㅂ	Jap	잡					
차+ㅂ	Chap	찹					
카+ㅂ	Kap	캅					
타+ㅂ	Tap	탑					
파+ㅂ	Pap	팝					
하+ㅂ	Hap	합					

받침 ㅅ(시옷)이 있는 글자

[អក្សរដែលមានជើងអក្សរ 'ㅅ'(ស៊ីអុត)]

월   일

받침 ㅅ(시옷) [ជើងអក្សរ 'ㅅ' (ស៊ីអុត)]

다음 받침 ㅅ(시옷)이 들어간 글자를 쓰는 순서에 맞게 따라 쓰세요.

(សូមសរសេរអក្សរដែលមាន ជើងអក្សរ 'ㅅ'(ស៊ីអុត) ខាងក្រោមតាមលំដាប់ត្រឹមត្រូវ។)

받침 ㅅ(시옷)	영어 표기	쓰기					
가+ㅅ	Gat	갓					
나+ㅅ	Nat	낫					
다+ㅅ	Dat	닷					
라+ㅅ	Rat	랏					
마+ㅅ	Mat	맛					
바+ㅅ	Bat	밧					
사+ㅅ	Sat	삿					
아+ㅅ	At	앗					
자+ㅅ	Jat	잣					
차+ㅅ	Chat	찻					
카+ㅅ	Kat	캇					
타+ㅅ	Tat	탓					
파+ㅅ	Pat	팟					
하+ㅅ	Hat	핫					

17 받침 ㅇ(이응)이 있는 글자
[អក្សរដែលមានជើងអក្សរ 'ㅇ'(អ៊ីអ៊ីង)]

받침 ㅇ(이응) [ជើងអក្សរ 'ㅇ' (អ៊ីអ៊ីង)]

다음 받침 ㅇ(이응)이 들어간 글자를 쓰는 순서에 맞게 따라 쓰세요.

(សូមសរសេរអក្សរដែលមាន ជើងអក្សរ 'ㅇ'(អ៊ីអ៊ីង) ខាងក្រោមតាមលំដាប់ត្រឹមត្រូវ។)

받침 ㅇ(이응)	영어 표기	쓰기				
가+ㅇ	Gang	강				
나+ㅇ	Nang	낭				
다+ㅇ	Dang	당				
라+ㅇ	Rang	랑				
마+ㅇ	Mang	망				
바+ㅇ	Bang	방				
사+ㅇ	Sang	상				
아+ㅇ	Ang	앙				
자+ㅇ	Jang	장				
차+ㅇ	Chang	창				
카+ㅇ	Kang	캉				
타+ㅇ	Tang	탕				
파+ㅇ	Pang	팡				
하+ㅇ	Hang	항				

18 받침 ㅈ(지읒)이 있는 글자
[អក្សរដែលមានជើងអក្សរ 'ㅈ'(ជ៉ីអ៊ីត)]

월   일

받침 ㅈ(지읒) [ជើងអក្សរ 'ㅈ' (ជ៉ីអ៊ីត)]

다음 받침 ㅈ(지읒)이 들어간 글자를 쓰는 순서에 맞게 따라 쓰세요.

(សូមសរសេរអក្សរដែលមាន ជើងអក្សរ 'ㅈ'(ជ៉ីអ៊ីត) ខាងក្រោមតាមលំដាប់ត្រឹមត្រូវ។)

받침 ㅈ(지읒)	영어 표기	쓰기					
가+ㅈ	Gat	갖					
나+ㅈ	Nat	낮					
다+ㅈ	Dat	닺					
라+ㅈ	Rat	랒					
마+ㅈ	Mat	맞					
바+ㅈ	Bat	밪					
사+ㅈ	Sat	샂					
아+ㅈ	At	앚					
자+ㅈ	Jat	잦					
차+ㅈ	Chat	찿					
카+ㅈ	Kat	캊					
타+ㅈ	Tat	탖					
파+ㅈ	Pat	팢					
하+ㅈ	Hat	핮					

받침 ㅊ(치읓) [ជើងអក្សរ 'ㅊ' ឈីអីត)]

다음 받침 ㅊ(치읓)이 들어간 글자를 쓰는 순서에 맞게 따라 쓰세요.

(សូមសរសេរអក្សរដែលមាន ជើងអក្សរ 'ㅊ'(ឈីអីត) ខាងក្រោមតាមលំដាប់ត្រឹមត្រូវ។)

받침 ㅊ(치읓)	영어 표기	쓰기					
가+ㅊ	Gat	갖					
나+ㅊ	Nat	낮					
다+ㅊ	Dat	닺					
라+ㅊ	Rat	랓					
마+ㅊ	Mat	맞					
바+ㅊ	Bat	밪					
사+ㅊ	Sat	샃					
아+ㅊ	At	앚					
자+ㅊ	Jat	잧					
차+ㅊ	Chat	찾					
카+ㅊ	Kat	캋					
타+ㅊ	Tat	탗					
파+ㅊ	Pat	팣					
하+ㅊ	Hat	핫					

20 받침 ㅋ(키읔)이 있는 글자
[អក្សរដែលមានជើងអក្សរ 'ㅋ'(យីអឹក)]

월   일

받침 ㅋ(키읔) [ជើងអក្សរ 'ㅋ'(យីអឹក)]

다음 받침 ㅋ(키읔)이 들어간 글자를 쓰는 순서에 맞게 따라 쓰세요.

(សូមសរសេរអក្សរដែលមាន ជើងអក្សរ 'ㅋ'(យីអឹក) ខាងក្រោមតាមលំដាប់ត្រឹមត្រូវ។)

받침 ㅋ(키읔)	영어 표기	쓰기					
가+ㅋ	Gak	각					
나+ㅋ	Nak	낙					
다+ㅋ	Dak	닥					
라+ㅋ	Rak	락					
마+ㅋ	Mak	막					
바+ㅋ	Bak	박					
사+ㅋ	Sak	삭					
아+ㅋ	Ak	악					
자+ㅋ	Jak	작					
차+ㅋ	Chak	착					
카+ㅋ	Kak	칵					
타+ㅋ	Tak	탁					
파+ㅋ	Pak	팍					
하+ㅋ	Hak	학					

받침 ㅌ(티읕) [ជើងអក្សរ 'ㅌ'(ជីអឺត)]

다음 받침 ㅌ(티읕)이 들어간 글자를 쓰는 순서에 맞게 따라 쓰세요.
(សូមសរសេរអក្សរដែលមាន ជើងអក្សរ 'ㅌ'(ជីអឺត) ខាងក្រោមតាមលំដាប់ក្រឹមត្រូវ។)

받침 ㅌ(티읕)	영어 표기	쓰기					
가+ㅌ	Gat	같					
나+ㅌ	Nat	낱					
다+ㅌ	Dat	닽					
라+ㅌ	Rat	랕					
마+ㅌ	Mat	맡					
바+ㅌ	Bat	밭					
사+ㅌ	Sat	샅					
아+ㅌ	At	앝					
자+ㅌ	Jat	잩					
차+ㅌ	Chat	찰					
카+ㅌ	Kat	캍					
타+ㅌ	Tat	탙					
파+ㅌ	Pat	팥					
하+ㅌ	Hat	핱					

받침 ㅍ(피읖)이 있는 글자
[អក្សរដែលមានជើងអក្សរ 'ㅍ'(ភីអឹប)]

월   일

받침 ㅍ(피읖) [ជើងអក្សរ 'ㅍ'(ភីអឹប)]

다음 받침 ㅍ(피읖)이 들어간 글자를 쓰는 순서에 맞게 따라 쓰세요.

(សូមសរសេរអក្សរដែលមាន ជើងអក្សរ 'ㅍ'(ភីអឹប) ខាងក្រោមតាមលំដាប់ត្រឹមត្រូវ។)

받침 ㅍ(피읖)	영어 표기	쓰기				
가+ㅍ	Gap	갚				
나+ㅍ	Nap	낲				
다+ㅍ	Dap	닾				
라+ㅍ	Rap	랖				
마+ㅍ	Map	맢				
바+ㅍ	Bap	밮				
사+ㅍ	Sap	샆				
아+ㅍ	Ap	앞				
자+ㅍ	Jap	잪				
차+ㅍ	Chap	챂				
카+ㅍ	Kap	캎				
타+ㅍ	Tap	탚				
파+ㅍ	Pap	팦				
하+ㅍ	Hap	핲				

23 받침 ㅎ(히읗)이 있는 글자

[អក្សរដែលមានជើងអក្សរ 'ㅎ'(ហិអ៊ីត)]

월   일

받침 ㅎ(히읗) [ជើងអក្សរ 'ㅎ' (ហិអ៊ីត)]

다음 받침 ㅎ(히읗)이 들어간 글자를 쓰는 순서에 맞게 따라 쓰세요.

(សូមសរសេរអក្សរដែលមាន ជើងអក្សរ 'ㅎ'(ហិអ៊ីត) ខាងក្រោមតាមលំដាប់ត្រឹមត្រូវ។)

받침 ㅎ(히읗)	영어 표기	쓰기					
가+ㅎ	Gat	갛					
나+ㅎ	Nat	낳					
다+ㅎ	Dat	닿					
라+ㅎ	Rat	랗					
마+ㅎ	Mat	맣					
바+ㅎ	Bat	밯					
사+ㅎ	Sat	샇					
아+ㅎ	At	앟					
자+ㅎ	Jat	잫					
차+ㅎ	Chat	챃					
카+ㅎ	Kat	캏					
타+ㅎ	Tat	탛					
파+ㅎ	Pat	팧					
하+ㅎ	Hat	핳					

제6장

주제별 낱말

ជំពូកទី 6 ពាក្យតាមប្រធានបទ

과일 [ផ្លែឈើ]

월 일

■ 다음을 쓰는 순서에 맞게 따라 쓰세요.
(សូមសរសេរខាងក្រោមតាមលំដាប់ត្រឹមត្រូវ។)

사	과					
배						
바	나	나				
딸	기					
토	마	토				

사과 ផ្លែប៉ោម

배 ផ្លែល្ងៀ

바나나 ផ្លែចេក

딸기 ផ្លែស្ត្របឺរី

토마토 ផ្លែប៉ែងប៉ោះ

과일 [ផ្លែឈើ]

월 일

■ 다음을 쓰는 순서에 맞게 따라 쓰세요.
(សូមសរសេរខាងក្រោមតាមលំដាប់ត្រឹមត្រូវ។)

수박 ផ្លែឪឡឹក

복숭아 ផ្លែប៉ែស

오렌지 ផ្លែក្រូច

귤 ផ្លែក្រូច

키위 ផ្លែគីវី

수	박						
복	숭	아					
오	렌	지					
귤							
키	위						

■ 다음을 쓰는 순서에 맞게 따라 쓰세요.
(សូមសរសេរខាងក្រោមតាមលំដាប់ត្រឹមត្រូវ។)

참외 ផ្លែត្រសក់ស្រូវ	참 외
파인애플 ផ្លែម្នាស់	파 인 애 플
레몬 ផ្លែក្រូចឆ្មា	레 몬
감 ផ្លែទទិម	감
포도 ផ្លែទំពាំងបាយជូរ	포 도

동물 [សត្វ]

■ 다음을 쓰는 순서에 맞게 따라 쓰세요.
(សូមសរសេរខាងក្រោមតាមលំដាប់ត្រឹមត្រូវ។)

타조 សត្វកកេរ

타 조

호랑이 សត្វខ្លា

호 랑 이

사슴 សត្វក្តាន់

사 슴

고양이 សត្វឆ្មា

고 양 이

여우 សត្វកញ្ជ្រោង

여 우

동물 [សត្វ]

월　　일

■ 다음을 쓰는 순서에 맞게 따라 쓰세요.
（ សូមសរសេរខាងក្រោមតាមលំដាប់ត្រឹមត្រូវ។ ）

사자 សត្វតោ

사 자

코끼리 សត្វដំរី

코 끼 리

돼지 សត្វជ្រូក

돼 지

강아지 កូនឆ្កែ

강 아 지

토끼 សត្វទន្សាយ

토 끼

동물 [សត្វ]

월 일

■ 다음을 쓰는 순서에 맞게 따라 쓰세요.
(សូមសរសេរខាងក្រោមតាមលំដាប់ត្រឹមត្រូវ។)

기	린						

기린 សត្វកៀង

곰							

곰 សត្វខ្លាឃ្មុំ

원	숭	이					

원숭이 សត្វស្វា

너	구	리					

너구리 សត្វឃ្មុំ

거	북	이					

거북이 សត្វអណ្ដើក

채 소 [បន្លែ]

■ 다음을 쓰는 순서에 맞게 따라 쓰세요.
(សូមសរសេរខាងក្រោមតាមលំដាប់ត្រឹមត្រូវ។)

배	추					

배추 ស្ពៃក្តោប

당	근					

당근 ការ៉ុត

마	늘					

마늘 ខ្ទឹម

시	금	치				

시금치 ស្ពៃក្តោប

미	나	리				

미나리 ត្រកួន

채소 [បន្លែ]

월   일

■ 다음을 쓰는 순서에 맞게 따라 쓰세요.
(សូមសរសេរខាងក្រោមតាមលំដាប់ត្រឹមត្រូវ។)

무						

무 បន្លែ

상	추					

상추 សាឡាត់

양	파					

양파 ខ្ទឹមបារាំង

부	추					

부추 ស្លឹកាឆ្អើ

감	자					

감자 ដំឡូង

■ 다음을 쓰는 순서에 맞게 따라 쓰세요.
　(សូមសរសេរខាងក្រោមតាមលំដាប់គ្រឹមគ្រូរ ）

오	이					
파						
가	지					
고	추					
양	배	추				

오이 ត្រសក់

파 ខ្ទឹមបារាំងបែកង

가지 ត្រប់

고추 ម្ទេស

양배추 ស្ពៃក្តោប

직업 [ការងារ]

■ 다음을 쓰는 순서에 맞게 따라 쓰세요.
(សូមសរសេរខាងក្រោមតាមលំដាប់ត្រឹមត្រូវ។)

경	찰	관				
소	방	관				
요	리	사				
환	경	미	화	원		
화	가					

경찰관 មន្ត្រីប៉ូលីស

소방관 អ្នកពន្លត់អគ្គីភ័យ

요리사 ចុងភៅ

환경미화원 បុគ្គលិកអនាម័យ

화가 សិល្បករ

■ 다음을 쓰는 순서에 맞게 따라 쓰세요.
(សូមសរសេរខាងក្រោមតាមលំដាប់ត្រឹមត្រូវ។)

간	호	사					
회	사	원					
미	용	사					
가	수						
소	설	가					

간호사 គិលានុបដ្ឋាយិកា

회사원 បុគ្គលិក

미용사 អ្នកកាត់សក់

가수 អ្នកច្រៀង

소설가 អ្នកនិពន្ធប្រលោមលោក

직업 [ការងារ]

■ 다음을 쓰는 순서에 맞게 따라 쓰세요.
(សូមសរសេរខាងក្រោមតាមលំដាប់ត្រឹមត្រូវ។)

의사 គ្រូពេទ្យ

의	사					

선생님 គ្រូ

선	생	님				

주부 ស្ត្រីមេផ្ទះ

주	부					

운동선수 អ្នកហាត់ប្រាណ

운	동	선	수			

우편집배원 អ្នកបែកសំបុត្រ

우	편	집	배	원		

음식 [អាហារ]

■ 다음을 쓰는 순서에 맞게 따라 쓰세요.
(សូមសរសេរខាងក្រោមតាមលំដាប់ត្រឹមត្រូវ។)

김	치	찌	개				
미	역	국					
김	치	볶	음	밥			
돈	가	스					
국	수						

김치찌개 ស៊ុបគីមឈី

미역국 ស៊ុបសារ៉ាយ

김치볶음밥 បាយឆាគីមឈី

돈가스 សាច់ជ្រូកបំពង

국수 គុយទាវ

음식 [អាហារ]

월 일

■ 다음을 쓰는 순서에 맞게 따라 쓰세요.
(សូមសរសេរខាងក្រោមតាមលំដាប់ត្រឹមត្រូវ។)

된	장	찌	개				
불	고	기					
김	밥						
라	면						
떡							

된장찌개 ស៊ុបសណ្ដែកសៀង

불고기 សាច់ជ្រូកប្រឡាក់

김밥 បាយសារាយ

라면 មី

떡 នំអង្ករ

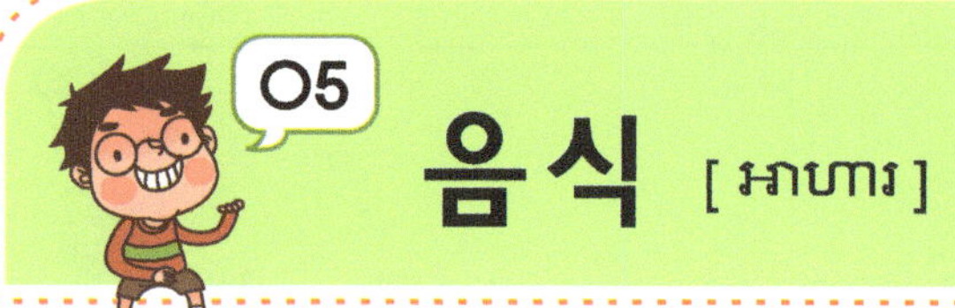

음식 [អាហារ]

■ 다음을 쓰는 순서에 맞게 따라 쓰세요.
(សូមសរសេរខាងក្រោមតាមលំដាប់ត្រឹមត្រូវ។)

순	두	부	찌	개		
비	빔	밥				
만	두					
피	자					
케	이	크				

순두부찌개 សម្ល័គោហ្ស៊ីទន់

비빔밥 បាយឆាឆាយ

만두 នំប៉ាវ

피자 ភីហ្សា

케이크 នំខេក

위치 [ទីតាំង]

■ 다음을 쓰는 순서에 맞게 따라 쓰세요.
(សូមសរសេរខាងក្រោមតាមលំដាប់ត្រឹមត្រូវ។)

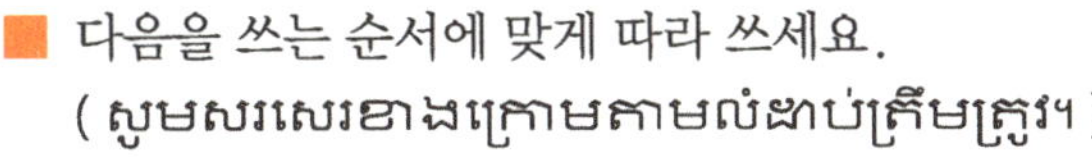

앞 ខាងមុខ

뒤 ការនៅខាងក្រោយ

위 ខាងលើ

아래 ខាងក្រោម

오른쪽 ស្ដាំ

앞						
뒤						
위						
아	래			.		
오	른	쪽				

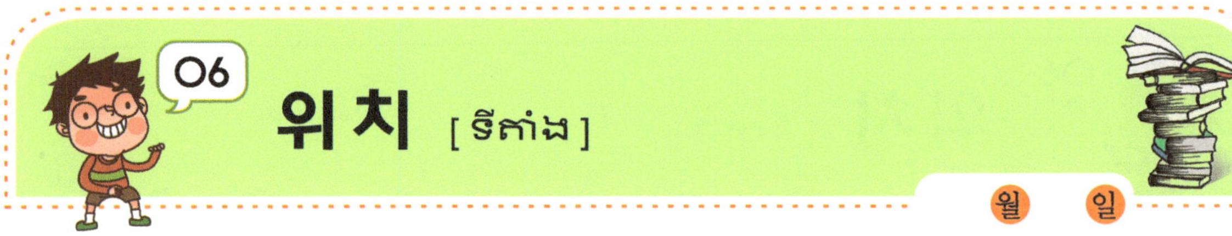

위치 [ទីតាំង]

■ 다음을 쓰는 순서에 맞게 따라 쓰세요.
(សូមសរសេរខាងក្រោមតាមលំដាប់ត្រឹមត្រូវ។)

왼	쪽						
옆							
안							
밖							
밑							

왼쪽 ឆ្វេង

옆 ចំហៀង

안 ខាងក្នុង

밖 ខាងក្រៅ

밑 ពាក

위치 [ទីតាំង]

■ 다음을 쓰는 순서에 맞게 따라 쓰세요.
(សូមសរសេរខាងក្រោមតាមលំដាប់ត្រឹមត្រូវ។)

사	이

사이 ចន្លោះ

동	쪽

동쪽 ខាងកើត

서	쪽

서쪽 ខាងលិច

남	쪽

남쪽 ខាងត្បូង

북	쪽

북쪽 ខាងជើង

탈 것 [យានជំនិះ]

월   일

■ 다음을 쓰는 순서에 맞게 따라 쓰세요.
(សូមសរសេរខាងក្រោមតាមលំដាប់ត្រឹមត្រូវ។)

버스 ឡានក្រុង

| 버 | 스 | | | | | | |

비행기 យន្តហោះ

| 비 | 행 | 기 | | | | | |

배 នាវា

| 배 | | | | | | | |

오토바이 ម៉ូតូ

| 오 | 토 | 바 | 이 | | | | |

소방차 ឡានទឹក

| 소 | 방 | 차 | | | | | |

탈것 [យានជំនិះ]

■ 다음을 쓰는 순서에 맞게 따라 쓰세요.
(សូមសរសេរខាងក្រោមតាមលំដាប់គ្រឹមត្រូវ។)

자	동	차				
지	하	철				
기	차					
헬	리	콥	터			
포	클	레	인			

자동차 រថយន្ត

지하철 រថភ្លើងក្រោមដី

기차 រថភ្លើង

헬리콥터 ឧទ្ធម្ភាគចក្រ

포클레인 ស្ពានស្នូច

탈것 [យានជំនិះ]

월　일

■ 다음을 쓰는 순서에 맞게 따라 쓰세요.
(សូមសរសេរខាងក្រោមតាមលំដាប់ក្រឹមត្រូវ។)

택시 គាក់ស៊ី

택	시					

자전거 កង់

자	전	거				

트럭 ឡានដឹកទំនិញ

트	럭					

구급차 រថយន្តសង្គ្រោះ

구	급	차				

기구 ម៉ាស៊ីន

기	구					

장소 [ទីកន្លែង]

월   일

■ 다음을 쓰는 순서에 맞게 따라 쓰세요.
(សូមសរសេរខាងក្រោមតាមលំដាប់ត្រឹមត្រូវ។)

집						
학	교					
백	화	점				
우	체	국				
약	국					

집 ផ្ទះ

학교 សាលា

백화점 ហាងទំនិញ

우체국
ហាងទំនិញការិយាល័យប្រៃសណីយ៍

약국 ឱសថស្ថាន

장소 [ទីកន្លែង]

월   일

■ 다음을 쓰는 순서에 맞게 따라 쓰세요.
(សូមសរសេរខាងក្រោមតាមលំដាប់ត្រឹមត្រូវ។)

시장 ទីផ្សារ		
식당 ភោជនីយដ្ឋាន		
슈퍼마켓 ផ្សារទំនើប		
서점 បណ្ណាគារ		
공원 ឧទ្យាន		

장소 [ទីកន្លែង]

■ 다음을 쓰는 순서에 맞게 따라 쓰세요.
（ សូមសរសេរខាងក្រោមតាមលំដាប់ត្រឹមត្រូវ។）

은	행						

은행 ធនាគារ

| 병 | 원 | | | | | | |

병원 មន្ទីរពេទ្យ

| 문 | 구 | 점 | | | | | |

문구점 ហាងលក់សម្ភារៈការិយាល័យ

| 미 | 용 | 실 | | | | | |

미용실 ហាងកាត់សក់សម្ផស្ស

| 극 | 장 | | | | | | |

극장 រោងកុន

■ 다음을 쓰는 순서에 맞게 따라 쓰세요.
(សូមសរសេរខាងក្រោមតាមលំដាប់ត្រឹមត្រូវ។)

봄							

봄 និទាឃរដូវ

여	름						

여름 រដូវក្ដៅ

가	을						

가을 រដូវស្លឹកឈើជ្រុះ

겨	울						

겨울 រដូវរងា

맑	다						

맑다 ថ្លា

월 일

■ 다음을 쓰는 순서에 맞게 따라 쓰세요.
(សូមសរសេរខាងក្រោមតាមលំដាប់ត្រឹមត្រូវ។)

흐	리	다				

흐리다 ងងឹត

바	람	이		분	다	

바람이 분다 ខ្យល់បក់

비	가		온	다		

비가 온다 ភ្លៀង

비	가		그	친	다	

비가 그친다 ភ្លៀងឈប់

눈	이		온	다		

눈이 온다 ធ្លាក់ព្រិល

월 일

■ 다음을 쓰는 순서에 맞게 따라 쓰세요.
(សូមសរសេរខាងក្រោមតាមលំដាប់ត្រឹមត្រូវ។)

구	름	이		낀	다		

구름이 낀다 មានពពក

덥	다						

덥다 ក្ដៅ

춥	다						

춥다 ត្រជាក់

따	뜻	하	다				

따뜻하다 ក្ដៅកំដៅ

시	원	하	다				

시원하다 ត្រជាក់កំដៅ

집 안의 사물 [វត្ថុនៅក្នុងផ្ទះ]

월   일

■ 다음을 쓰는 순서에 맞게 따라 쓰세요.
(សូមសរសេរខាងក្រោមតាមលំដាប់ត្រឹមត្រូវ។)

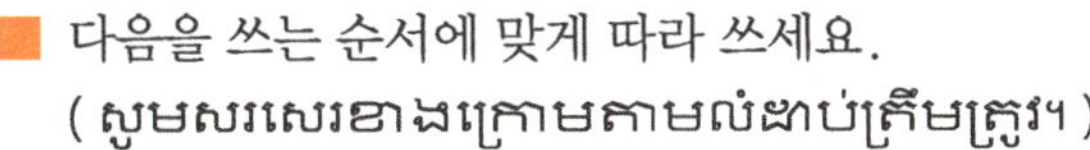

소파 សាឡុង

소	파				

욕조 ងូតទឹក

욕	조				

거울 កញ្ចក់

거	울				

샤워기 ផ្កាឈូក

샤	워	기			

변기 បង្គន់

변	기				

집 안의 사물 [វត្ថុនៅក្នុងផ្ទះ]

■ 다음을 쓰는 순서에 맞게 따라 쓰세요.
(សូមសរសេរខាងក្រោមតាមលំដាប់ត្រឹមត្រូវ។)

싱	크	대					

싱크대 ទីលាងចាន

부	엌						

부엌 ផ្ទះបាយ

거	실						

거실 បន្ទប់ទទួលភ្ញៀវ

안	방						

안방 បន្ទប់ខាងក្នុង

옷	장						

옷장 ទូខោអាវ

월 일

■ 다음을 쓰는 순서에 맞게 따라 쓰세요.
(សូមសរសេរខាងក្រោមតាមលំដាប់ត្រឹមត្រូវ។)

화	장	대					
식	탁						
책	장						
작	은	방					
침	대						

화장대 តុតុបតែងខ្លួន

식탁 តុ

책장 ទូសៀវភៅ

작은방 បន្ទប់តូច

침대 គ្រែ

월   일

■ 다음을 쓰는 순서에 맞게 따라 쓰세요.
(សូមសរសេរខាងក្រោមតាមលំដាប់ត្រឹមត្រូវ។)

할	머	니					

할머니 យាយ

할	아	버	지				

할아버지 ជីតា

아	버	지					

아버지 ឪពុក

어	머	니					

어머니 ម្ដាយ

오	빠						

오빠 បងប្រុស

가족 명칭 [ឈ្មោះគ្រួសារ]

■ 다음을 쓰는 순서에 맞게 따라 쓰세요.
(សូមសរសេរខាងក្រោមតាមលំដាប់ត្រឹមត្រូវ។)

형 បងប្រុស

형

나 ខ្ញុំ

나

남동생 ប្អូនប្រុស

남 동 생

여동생 ប្អូនស្រី

여 동 생

언니 បងស្រី

언 니

가족 명칭 [ឈ្មោះគ្រួសារ]

월   일

■ 다음을 쓰는 순서에 맞게 따라 쓰세요.
(សូមសរសេរខាងក្រោមតាមលំដាប់ត្រឹមត្រូវ។)

누나		

누나 បងស្រី

삼촌		

삼촌 ពូ

고모		

고모 មីង

이모		

이모 មីង

이모부		

이모부 ពូ

■ 다음을 쓰는 순서에 맞게 따라 쓰세요.
(សូមសរសេរខាងក្រោមតាមលំដាប់ត្រឹមត្រូវ។)

공책							
스	케	치	북				
색	연	필					
가	위						
풀							

공책 សៀវភៅកត់ត្រា

스케치북 សៀវភៅគំនូរគូរ

색연필 ខ្មៅដៃពណ៌

가위 កន្ត្រៃ

풀 កាវ

월　일

■ 다음을 쓰는 순서에 맞게 따라 쓰세요.
(សូមសរសេរខាងក្រោមតាមលំដាប់ត្រឹមត្រូវ។)

일	기	장					
연	필						
칼							
물	감						
자							

일기장 កំណត់ហេតុ

연필 ខ្មៅដៃ

칼 កាំបិត

물감 ថ្នាំស្រលក់ពណ៌

자 បន្ទាត់

학용품 [សម្ភារៈសិក្សា]

월　일

■ 다음을 쓰는 순서에 맞게 따라 쓰세요.
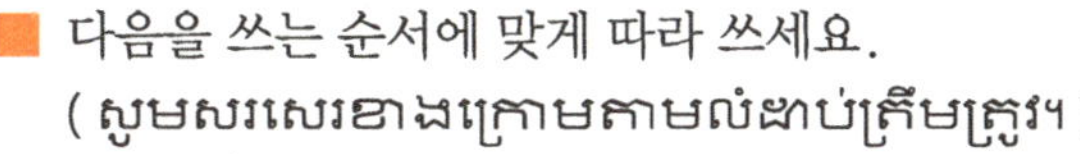

색	종	이				

색종이 ក្រដាស់

사	인	펜				

사인펜 ប៊ិចសញ្ញាសម្គាល់

크	레	파	스			

크레파스 ក្រណាស់

붓						

붓 ជក់

지	우	개				

지우개 ជ័រលុប

꽃 [ផ្កា]

월　일

■ 다음을 쓰는 순서에 맞게 따라 쓰세요.
（ សូមសរសេរខាងក្រោមតាមលំដាប់ត្រឹមត្រូវ។ ）

장	미					

장미 ផ្កាកុលាប

진	달	래				

진달래 ផ្កាជំនោរថ្ងៃ

민	들	레				

민들레 ផ្កាដាប់ឡេន្ត

나	팔	꽃				

나팔꽃 ផ្កាសង្ខត្រែកោង

맨	드	라	미			

맨드라미 ផ្កាក្លន្ត

꽃 [ផ្កា]

■ 다음을 쓰는 순서에 맞게 따라 쓰세요.
(សូមសរសេរខាងក្រោមតាមលំដាប់ត្រឹមត្រូវ។)

개	나	리				

개나리 ផ្កាកេណារី

벚	꽃					

벚꽃 ផ្កាឈើរី

채	송	화				

채송화 ជាសុដោ

국	화					

국화 ផ្កាគ្រុបឺស

무	궁	화				

무궁화 ផ្កាកុលាប

13 꽃 [ផ្កា]

■ 다음을 쓰는 순서에 맞게 따라 쓰세요.
(សូមសរសេរខាងក្រោមតាមលំដាប់ត្រឹមត្រូវ។)

튤 립					
봉 숭 아					
해 바 라 기					
카 네 이 션					
코 스 모 스					

튤립 ផ្កាទូលីប

봉숭아 ជាស៊ាំ

해바라기 ផ្កាឈូករ័ត្ន

카네이션 ផ្កាការ៉ាណេស្យុង

코스모스 ផ្កាកូស្មូស

나라 이름 [ឈ្មោះប្រទេស]

■ 다음을 쓰는 순서에 맞게 따라 쓰세요.
(សូមសរសេរខាងក្រោមតាមលំដាប់ត្រឹមត្រូវ។)

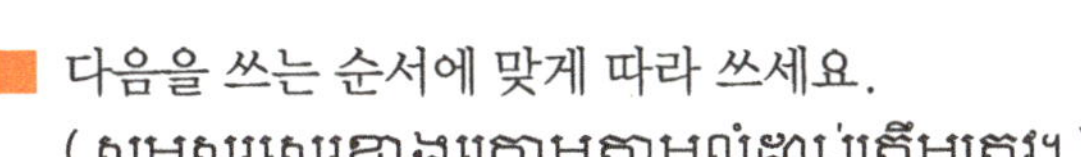

한국 កូរ៉េ

한 국

필리핀 ហ្វីលីពីន

필 리 핀

일본 ជប៉ុន

일 본

캄보디아 កម្ពុជា

캄 보 디 아

아프가니스탄
អាហ្វហ្គានីស្ថាន

아 프 가 니 스 탄

14 나라 이름 [ឈ្មោះប្រទេស]

월 일

■ 다음을 쓰는 순서에 맞게 따라 쓰세요.
(សូមសរសេរខាងក្រោមតាមលំដាប់ត្រឹមត្រូវ។)

중	국						
태	국						
베	트	남					
인	도						
영	국						

중국 ចិន

태국 ថៃ

베트남 វៀតណាម

인도 កម្ពុជា

영국
ចក្រភពអង់គ្លេស

나라 이름 [ឈ្មោះប្រទេស]

월   일

■ 다음을 쓰는 순서에 맞게 따라 쓰세요.
(សូមសរសេរខាងក្រោមតាមលំដាប់ត្រឹមត្រូវ។)

미 국						
몽 골						
우 즈 베 키 스 탄						
러 시 아						
캐 나 다						

미국 សហរដ្ឋអាមេរិក

몽골 ម៉ុងហ្គោលី

우즈베키스탄 អ៊ុសបេគីស្ថាន

러시아 រុស្ស៊ី

캐나다 កាណាដា

악기 [ឧបករណ៍ភ្លេង]

월   일

■ 다음을 쓰는 순서에 맞게 따라 쓰세요.
(សូមសរសេរខាងក្រោមតាមលំដាប់ត្រឹមត្រូវ។)

기	타					
북						
트	라	이	앵	글		
하	모	니	카			
징						

기타 ហ្គីតា

북 ស្គរ

트라이앵글 ត្រីកោណ

하모니카 អាម៉ូនិក

징 ជីង

15

악기 [ឧបករណ៍ភ្លេង]

■ 다음을 쓰는 순서에 맞게 따라 쓰세요.

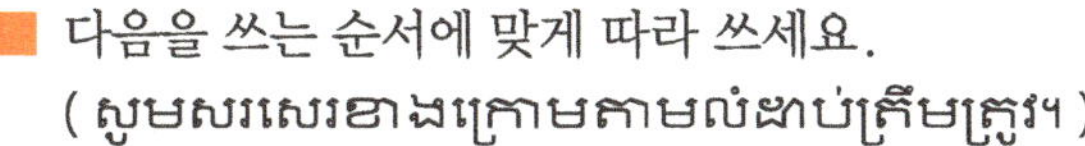
(សូមសរសេរខាងក្រោមតាមលំដាប់ត្រឹមត្រូវ។)

피	아	노				

피아노 ព្យាណូ

탬	버	린				

탬버린 កំប៉ិន

나	팔					

나팔 ត្រែ

장	구					

장구 ស្គរពីរពាក់

소	고					

소고 ស្គរ

악기 [ឧបករណ៍ភ្លេង]

월   일

■ 다음을 쓰는 순서에 맞게 따라 쓰세요.
(សូមសរសេរខាងក្រោមតាមលំដាប់ត្រឹមត្រូវ។)

피리 បំពង

피 리

실로폰 ស៊ីឡូហ្វូន

실 로 폰

바이올린 វីយូឡុង

바 이 올 린

쨍과리 ក្វាងហ្គារី

쨍 과 리

가야금 ហ្កាយ៉ាហ្គ្រម

가 야 금

옷 [សំលៀកបំពាក់]

■ 다음을 쓰는 순서에 맞게 따라 쓰세요.
(សូមសរសេរខាងក្រោមតាមលំដាប់ត្រឹមត្រូវ។)

티	셔	츠				

티셔츠 អាវយឺត

바	지					

바지 ខោ

점	퍼					

점퍼 អាវក្រៅ

정	장					

정장 ឈុត

와	이	셔	츠			

와이셔츠 អាវស

옷 [សំលៀកបំពាក់]

월 일

■ 다음을 쓰는 순서에 맞게 따라 쓰세요.
(សូមសរសេរខាងក្រោមតាមលំដាប់ត្រឹមត្រូវ។)

반	바	지					
코	트						
교	복						
블	라	우	스				
청	바	지					

반바지 ខោខ្លី

코드 អាវ

교복 ឯកសណ្ឋានសាលា

블라우스 អាវ

청바지 ខោខូវប៊យ

옷 [សំលៀកបំពាក់]

■ 다음을 쓰는 순서에 맞게 따라 쓰세요.
(សូមសរសេរខាងក្រោមតាមលំដាប់ត្រឹមត្រូវ។)

양복 ឈុត	양 복
작업복 អាវធ្វើការ	작 업 복
스웨터 អាវយឺត	스 웨 터
치마 សំពត់	치 마
한복 ហាន់បុក	한 복

색깔 [ពណ៌]

■ 다음을 쓰는 순서에 맞게 따라 쓰세요.
(សូមសរសេរខាងក្រោមតាមលំដាប់ត្រឹមត្រូវ។)

빨간색 ពណ៌ក្រហម

빨	간	색				

주황색 ពណ៌ទឹកក្រូច

주	황	색				

초록색 ពណ៌បៃតង

초	록	색				

노란색 ពណ៌លឿង

노	란	색				

파란색 ពណ៌ខៀវ

파	란	색				

색깔 [ពណ៌]

■ 다음을 쓰는 순서에 맞게 따라 쓰세요.
(សូមសរសេរខាងក្រោមតាមលំដាប់ត្រឹមត្រូវ។)

보	라	색					

보라색 ពណ៌ស្វាយ

분	홍	색					

분홍색 ពណ៌ផ្កាឈូក

하	늘	색					

하늘색 ពណ៌ផ្ទៃមេឃ

갈	색						

갈색 ពណ៌ត្នោត

검	은	색					

검은색 ពណ៌ខ្មៅ

취미 [ចំណង់ចំណូលចិត្ត]

월 일

■ 다음을 쓰는 순서에 맞게 따라 쓰세요.
(សូមសរសេរខាងក្រោមតាមលំដាប់ត្រឹមត្រូវ។)

요	리						

요리 ចម្អិនអាហារ

노	래						

노래 ភ្លេង

등	산						

등산 ការឡើងភ្នំ

영	화	감	상				

영화감상 មើលភាពយន្ត

낚	시						

낚시 ស្ទូចត្រី

18

취미 [ចំណង់ចំណូលចិត្ត]

월   일

■ 다음을 쓰는 순서에 맞게 따라 쓰세요.
(សូមសរសេរខាងក្រោមតាមលំដាប់ត្រឹមត្រូវ។)

음	악	감	상			

음악감상 ការស្ដាប់តន្ត្រី

게	임					

게임 ល្បែង

드	라	이	브			

드라이브 បើកបរ

여	행					

여행 ការធ្វើដំណើរ

독	서					

독서 ការអាន

취미 [ចំណង់ចំណូលចិត្ត]

월   일

■ 다음을 쓰는 순서에 맞게 따라 쓰세요.
(សូមសរសេរខាងក្រោមតាមលំដាប់ត្រឹមត្រូវ។)

쇼핑 ការដើរទិញឥវ៉ាន់

운동 ហាត់ប្រាណ

수영 ហែលទឹក

사진촬영 ថតរូប

악기연주 លេងឧបករណ៍ភ្លេង

쇼	핑					
운	동					
수	영					
사	진	촬	영			
악	기	연	주			

운동 [ហាត់ប្រាណ]

월 일

■ 다음을 쓰는 순서에 맞게 따라 쓰세요.
(សូមសរសេរខាងក្រោមតាមលំដាប់ត្រឹមត្រូវ។)

야구 កីឡាបេស្បុល

야	구					

배구 បាល់ទះ

배	구					

축구 បាល់ទាត់

축	구					

탁구 វាយកូនបាល់

탁	구					

농구 បាល់បោះ

농	구					

운동 [ហាត់ប្រាណ]

■ 다음을 쓰는 순서에 맞게 따라 쓰세요.
(សូមសរសេរខាងក្រោមតាមលំដាប់ត្រឹមត្រូវ។)

골	프					
스	키					
수	영					
권	투					
씨	름					

골프 កីឡាវាយកូនឃ្នោល

스키 ជិះស្គី

수영 ហែលទឹក

권투 ប្រដាល់

씨름 ប្រដាល់

운동 [ហាត់ប្រាណ] 19

■ 다음을 쓰는 순서에 맞게 따라 쓰세요.
(សូមសរសេរខាងក្រោមតាមលំដាប់ត្រឹមត្រូវ។)

테니스 កីឡាវាយកូនបាល់

테	니	스					

레슬링 ចំបាប់

레	슬	링					

태권도 តេក្វាន់ដូ

태	권	도					

배드민턴 កីឡាវាយសី

배	드	민	턴				

스케이트 ជិះស្គី

스	케	이	트				

월   일

■ 다음을 쓰는 순서에 맞게 따라 쓰세요.
(សូមសរសេរខាងក្រោមតាមលំដាប់ត្រឹមត្រូវ។)

가다 ទៅ

오다 មក

먹다 បរិភោគ

사다 ទិញ

읽다 អាន

움직임 말 (1)
[កាក្យធ្វើចលនា (1)]

월 　 일

■ 다음을 쓰는 순서에 맞게 따라 쓰세요.
(សូមសរសេរខាងក្រោមតាមលំដាប់ត្រឹមត្រូវ។)

씻	다						
자	다						
보	다						
일	하	다					
만	나	다					

씻다 លាង

자다 គេង

보다 មើល

일하다 ការងារ

만나다 ជួប

움직임 말 (1)

[ពាក្យធ្វើចលនា (1)]

월   일

■ 다음을 쓰는 순서에 맞게 따라 쓰세요.
(សូមសរសេរខាងក្រោមតាមលំដាប់ត្រឹមត្រូវ។)

마	시	다				

마시다 ផឹក

빨	래	하	다			

빨래하다 បោកគក់

청	소	하	다			

청소하다 សំអាត

요	리	하	다			

요리하다 ចម្អិន

공	부	하	다			

공부하다 សិក្សា

움직임 말 (2)
[ពាក្យធ្វើចលនា (2)]

월 일

■ 다음을 쓰는 순서에 맞게 따라 쓰세요.
(សូមសរសេរខាងក្រោមតាមលំដាប់ត្រឹមត្រូវ។)

공	을		차	다			

공을 차다 ទាត់បាល់

이	를		닦	다			

이를 닦다 ដុសធ្មេញ

목	욕	을		하	다		

목욕을 하다 ងូតទឹក

세	수	를		하	다		

세수를 하다 លាងមុខ

등	산	을		하	다		

등산을 하다 ឡើងភ្នំ

움직임 말 (2)
[ពាក្យធ្វើចលនា (2)]

월 일

■ 다음을 쓰는 순서에 맞게 따라 쓰세요.
(សូមសរសេរខាងក្រោមតាមលំដាប់ត្រឹមត្រូវ។)

머	리	를		감	다	
영	화	를		보	다	
공	원	에		가	다	
여	행	을		하	다	
산	책	을		하	다	

머리를 감다 លាងសក់

영화를 보다 មើលភាពយន្ត

공원에 가다 ទៅឧទ្យាន

여행을 하다 ការធ្វើដំណើរ

산책을 하다 ដើរលេង

■ 다음을 쓰는 순서에 맞게 따라 쓰세요.
(សូមសរសេរខាងក្រោមតាមលំដាប់ត្រឹមត្រូវ។)

수	영	을		하	다

수영을 하다 ហែលទឹក

쇼	핑	을		하	다

쇼핑을 하다 ទៅទិញទំនិញ

사	진	을		찍	다

사진을 찍다 ថតរូប

샤	워	를		하	다

샤워를 하다 ងូតទឹក

이	야	기	를		하	다

이야기를 하다 ប្រាប់រឿង

월 일

■ 다음을 쓰는 순서에 맞게 따라 쓰세요.
(សូមសរសេរខាងក្រោមតាមលំដាប់ត្រឹមត្រូវ។)

놀	다					
자	다					
쉬	다					
쓰	다					
듣	다					

놀다 លេង

자다 ដេក

쉬다 សម្រាក

쓰다 សរសេរ

듣다 ស្តាប់

움직임 말 (3)

[ពាក្យធ្វើចលនា (3)]

월   일

■ 다음을 쓰는 순서에 맞게 따라 쓰세요.
(សូមសរសេរខាងក្រោមតាមលំដាប់ត្រឹមត្រូវ។)

닫	다					
켜	다					
서	다					
앉	다					
끄	다					

닫다 បិទ

켜다 បើក

서다 ឈរ

앉다 អង្គុយ

끄다 បិទ

월 　 일

■ 다음을 쓰는 순서에 맞게 따라 쓰세요.
(សូមសរសេរខាងក្រោមតាមលំដាប់ត្រឹមត្រូវ។)

열다 បើក

| 열 | 다 | | | | | | |

나오다 ចេញមក

| 나 | 오 | 다 | | | | | |

배우다 រៀន

| 배 | 우 | 다 | | | | | |

들어가다 ចូល

| 들 | 어 | 가 | 다 | | | | |

가르치다 បង្រៀន

| 가 | 르 | 치 | 다 | | | | |

움직임 말 (3)
[កាក្យធ្វើចលនា (3)]

월 일

■ 다음을 쓰는 순서에 맞게 따라 쓰세요.
(សូមសរសេរខាងក្រោមតាមលំដាប់ត្រឹមត្រូវ។)

부	르	다				

부르다 ហៅ

달	리	다				

달리다 រត់

기	다					

기다 វារ

날	다					

날다 ហោះហើរ

긁	다					

긁다 កោស

움직임 말 (3)
[ពាក្យធ្វើចលនា (3)]

월   일

■ 다음을 쓰는 순서에 맞게 따라 쓰세요.
(សូមសរសេរខាងក្រោមតាមលំដាប់ត្រឹមត្រូវ។)

찍	다						
벌	리	다					
키	우	다					
갈	다						
닦	다						

찍다 ថត

벌리다 ទ្រួសឡោះ

키우다 លូតលាស់

갈다 ការកកាស់ផ្លុវ

닦다 ជូត

■ 다음을 쓰는 순서에 맞게 따라 쓰세요.
(សូមសរសេរខាងក្រោមតាមលំដាប់ត្រឹមត្រូវ)

개 ដំណាំ	개
대 ក្រុម	대
척 ក្រុម	척
송이 ចង	송이
그루 ដើម	그루

세는 말 (단위)

[ការរាប់ពាក្យ (ឯកតា)]

월   일

■ 다음을 쓰는 순서에 맞게 따라 쓰세요.
(សូមសរសេរខាងក្រោមតាមលំដាប់ត្រឹមត្រូវ។)

상	자					
봉	지					
장						
병						
자	루					

상자 ប្រអប់

봉지 ថង់

장 ទំព័រ

병 ដប

자루 កាបូប

세는 말 (단위)

[ការរាប់ពាក្យ (ឯកតា)]

월   일

■ 다음을 쓰는 순서에 맞게 따라 쓰세요.
(សូមសរសេរខាងក្រោមតាមលំដាប់ត្រឹមត្រូវ។)

벌 ឈុត

벌

켤레 គូ

결 레

권 ក្បាល

권

마리 ក្បាល

마 리

잔 កែវ

잔

■ 다음을 쓰는 순서에 맞게 따라 쓰세요.
(សូមសរសេរខាងក្រោមតាមលំដាប់ត្រឹមត្រូវ។)

채							
명							
통							
가 마							
첩							

채 ចំនួន

명 នាក់

통 ធុង

가마 ឡដុត

첩 ចាន

꾸미는 말 (1)

[ពាក្យតុបតែង (1)]

월   일

■ 다음을 쓰는 순서에 맞게 따라 쓰세요.
(សូមសរសេរខាងក្រោមតាមលំដាប់ត្រឹមត្រូវ។)

많다 ច្រើន

많	다						

적다 តិច

적	다						

크다 ធំ

크	다						

작다 តូច

작	다						

비싸다 ថ្លៃ

비	싸	다					

■ 다음을 쓰는 순서에 맞게 따라 쓰세요.
(សូមសរសេរខាងក្រោមតាមលំដាប់ត្រឹមត្រូវ។)

싸다 ថោក	싸 다
길다 វែង	길 다
짧다 ខ្លី	짧 다
빠르다 លឿន	빠 르 다
느리다 យឺត	느 리 다

24 꾸미는 말 (1)

[ពាក្យតុបតែង (1)]

월　일

■ 다음을 쓰는 순서에 맞게 따라 쓰세요.
(សូមសរសេរខាងក្រោមតាមលំដាប់ត្រឹមត្រូវ។)

굵다 ក្រាស់

굵	다						

가늘다 ស្តើង

가	늘	다					

밝다 ភ្លឺ

밝	다						

어둡다 ងងឹត

어	둡	다					

좋다 ល្អ

좋	다						

월   일

■ 다음을 쓰는 순서에 맞게 따라 쓰세요.
(សូមសរសេរខាងក្រោមតាមលំដាប់ត្រឹមត្រូវ។)

맵다 ហិល

맵	다						

시다 ជូរ

시	다						

가볍다 ស្រាល

가	볍	다					

좁다 ចង្អៀត

좁	다						

따뜻하다 ក្តៅក្តិ

따	뜻	하	다				

25 꾸미는 말 (2)
[ពាក្យតុបតែង (2)]

월   일

■ 다음을 쓰는 순서에 맞게 따라 쓰세요.
(សូមសរសេរខាងក្រោមតាមលំដាប់ត្រឹមត្រូវ។)

짜다 ប្រៃ

짜	다						

쓰다 ល្វីង

쓰	다						

무겁다 ធ្ងន់

무	겁	다					

깊다 ជ្រៅ

깊	다						

차갑다 ត្រជាក់

차	갑	다					

월   일

■ 다음을 쓰는 순서에 맞게 따라 쓰세요.
(សូមសរសេរខាងក្រោមតាមលំដាប់ត្រឹមត្រូវ។)

달	다					
싱	겹	다				
넓	다					
얕	다					
귀	엽	다				

달다 ផ្អែម

싱겹다 សាបាតិស្រស់ស្រាយ

넓다 ធំទូលាយ

얕다 រាក់

귀엽다 គួរឱ្យស្រលាញ់

26 기분을 나타내는 말
[ពាក្យដែលបង្ហាញពីអារម្មណ៍]

월 일

■ 다음을 쓰는 순서에 맞게 따라 쓰세요.
(សូមសរសេរខាងក្រោមតាមលំដាប់ត្រឹមត្រូវ។)

기	쁘	다					

기쁘다 រីករាយ

슬	프	다					

슬프다 សោកសៅ

화	나	다					

화나다 ខឹង

놀	라	다					

놀라다 ភ្ញាក់ផ្អើល

곤	란	하	다				

곤란하다 ពិបាក

기분을 나타내는 말
[ពាក្យដែលបង្ហាញពីអារម្មណ៍]

월   일

■ 다음을 쓰는 순서에 맞게 따라 쓰세요.
(សូមសរសេរខាងក្រោមតាមលំដាប់ត្រឹមត្រូវ។)

궁	금	하	다				
지	루	하	다				
부	끄	럽	다				
피	곤	하	다				
신	나	다					

궁금하다 ចង់ដឹង

지루하다 ធុញ

부끄럽다 ខ្មាស់អៀន

피곤하다 អស់កម្លាំង

신나다 រំភើប

높임말
[ពាក្យលើកដំកើន]

월　일

■ 다음을 쓰는 순서에 맞게 따라 쓰세요.
　(សូមសរសេរខាងក្រោមតាមលំដាប់ត្រឹមត្រូវ។)

집							
댁							
밥							
진	지						
병							
병	환						
말							
말	씀						
나	이						
연	세						

집 ផ្ទះ → 댁 លំនៅដ្ឋាន

밥 បាយ → 진지 បាយពិសា

병 ជម្ងឺ → 병환 ជម្ងឺ

말 ពាក្យ → 말씀 ពាក្យ

나이 អាយុ → 연세 អាយុ

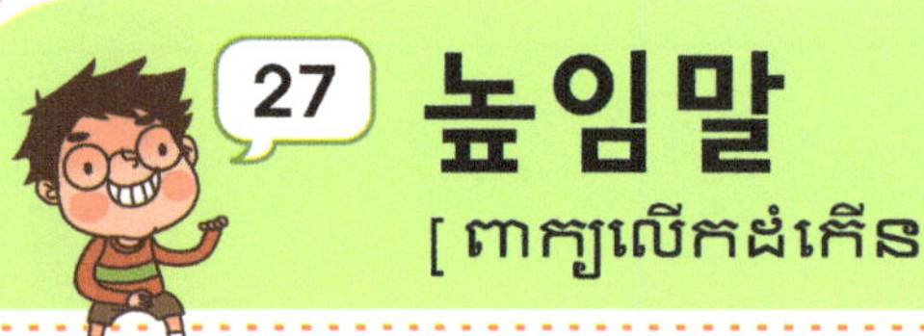

높임말
[ពាក្យលើកដំកើន]

월   일

■ 다음을 쓰는 순서에 맞게 따라 쓰세요.
(សូមសរសេរខាងក្រោមតាមលំដាប់ត្រឹមត្រូវ។)

생	일					
생	신					
있	다					
계	시	다				
먹	다					
드	시	다				
자	다					
주	무	시	다			
주	다					
드	리	다				

생일 ថ្ងៃកំណើត →
생신 ខួបកំណើត

있다 មាន →
계시다 មាន

먹다 ញ៉ាំ →
드시다 បរិភោគ

자다 គេង →
주무시다 សំរាន

주다 ឲ្យ/ផ្តល់ →
드리다 ឲ្យ/ផ្តល់

소리가 같은 말 (1)
[ពាក្យសំលេង (1)]

월 일

■ 다음을 쓰는 순서에 맞게 따라 쓰세요.
(សូមសរសេរខាងក្រោមតាមលំដាប់ត្រឹមត្រូវ។)

눈 ភ្នែក (단음)　　눈 ព្រិល (장음)

발 ជើង (단음)　　발 កូនសោទ្វារ (장음)

밤 យប់ (단음)　　밤 ផ្លែឈើ (장음)

차 រថយន្ត (단음)　　차 តែ (단음)

비 ភ្លៀង (단음)　　비 ឧបករណ៍សំអាត (단음)

■ 다음을 쓰는 순서에 맞게 따라 쓰세요.
(សូមសរសេរខាងក្រោមតាមលំដាប់ត្រឹមត្រូវ។)

말					

말 សេះ (단음) 말 និយាយ (장음)

벌 ដាក់ទោស (단음) 벌 ឃ្មុំ (장음)

벌					

상 ស្រាប (단음) 상 រង្វាន់ (단음)

상					

굴 អយស្ទ័រ (단음) 굴 ល្អាង (장음)

굴					

배 នាវា (단음) 배 ក្បាលពោះ (단음)

배					

■ 다음을 쓰는 순서에 맞게 따라 쓰세요.
（ សូមសរសេរខាងក្រោមតាមលំដាប់ត្រឹមត្រូវ ）

다	리				
새	끼				
돌					
병					
바	람				

다리 ស្ពាន (단음)　　다리 ជើង (단음)

새끼 កូន (단음)　　새끼 បន្ទាត់ (단음)

돌 ថ្ម (장음)　　돌 ពិធីខួបបង់ណើត (단음)

병 ឈឺ (장음)　　병 ដប (단음)

바람 ខ្យល់ (단음)　　바람 បំណងប្រាថ្នា (단음)

소리가 같은 말 (2)
[ពាក្យសំលេង (2)]

월   일

■ 다음을 쓰는 순서에 맞게 따라 쓰세요.
(សូមសរសេរខាងក្រោមតាមលំដាប់ត្រឹមត្រូវ។)

깨	다				
묻	다				
싸	다				
세	다				
차	다				

깨다 ក្ងាក់រឿង (장음) 　깨다 បំបែក (단음)

묻다 កប់ (단음) 　묻다 សួរ (장음)

싸다 ថោក (단음) 　싸다 នោម (단음)

세다 កំណត់ (장음) 　세다 ខ្លាំង (장음)

차다 ត្រជាក់ (단음) 　차다 ពេញ (단음)

소리가 같은 말 (2)

[ពាក្យសំលេង (2)]

월 일

■ 다음을 쓰는 순서에 맞게 따라 쓰세요.
(សូមសរសេរខាងក្រោមតាមលំដាប់ត្រឹមត្រូវ។)

맞다 ត្រឹមត្រូវ (단음)

맞다 វាយ (단음)

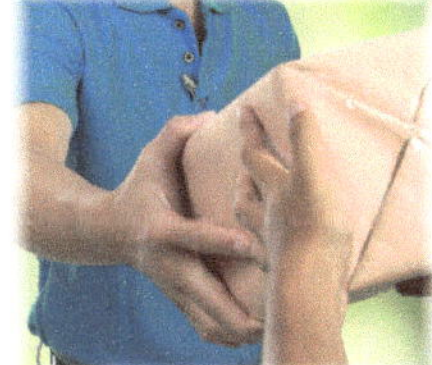

맡다 ទទួលបន្ទុក (단음)

맡다 ក្លិន (단음)

쓰다 សរសេរ (단음)

쓰다 ជូរចត់ (단음)

맞	다				
맡	다				
쓰	다				

소리를 흉내 내는 말
[ពាក្យដែលធ្វើត្រាប់តាមសំឡេង]

월 　 일

■ 다음을 쓰는 순서에 맞게 따라 쓰세요.
(សូមសរសេរខាងក្រោមតាមលំដាប់ត្រឹមត្រូវ។)

어	흥						
꿀	꿀						
야	옹						
꼬	꼬	댁					
꽥	꽥						

어흥 ហឹង

꿀꿀 គុលៗ

야옹 ញ៉ាវ

꼬꼬댁 កុកកុកកេក

꽥꽥 ប៉ាកៗ

소리를 흉내 내는 말

[ពាក្យដែលធ្វើត្រាប់តាមសំឡេង]

월   일

■ 다음을 쓰는 순서에 맞게 따라 쓰세요.
(សូមសរសេរខាងក្រោមតាមលំដាប់ត្រឹមត្រូវ។)

붕 ហ៊ឹម

붕

매앰 ម៉ាម៉ែម

매 앰

부르릉 ញ៉ូវវីង

부 르 릉

딩동 ឌីងដុង

딩 동

빠빠 ប៉ាប៉ា

빠 빠

부록 បន្ថែម-ពាក្យតាមប្រធានបទ

■ 안녕하세요! K-한글(www.k-hangul.kr)입니다.
'외국인을 위한 기초 한글 배우기' 1호 기초 편에서 다루지 못한 내용을 부록 편에 다음과 같이 **40가지 주제별로** 수록하니, 많은 이용 바랍니다.

■ ជំរាបសួរ! នេះគឺជា K-ហាន់កិល (www.k-hangul.kr) ។
ខ្លឹមសារដែលមិនត្រូវបានគ្របដណ្តប់នៅក្នុងផ្នែកមូលដ្ឋានដំបូងនៃ 'រៀនភាសាកូរ៉េជាមូលដ្ឋានសម្រាប់ជនបរទេស' ត្រូវបានរួមបញ្ចូលនៅក្នុងផ្នែកឧបសម្ព័ន្ធ ដូចខាងក្រោមដោយប្រធានបទចំនួន 40 ដូច្នេះសូមប្រើវាឱ្យបានច្រើន។

번호	주제	번호	주제	번호	주제
1	**숫자**(50개) Number(s)	16	**인칭 대명사**(14개) Personal pronouns	31	**물건 사기**(30개) Buying Goods
2	**연도**(15개) Year(s)	17	**지시 대명사**(10개) Demonstrative pronouns	32	**전화하기**(21개) Making a phone call
3	**월**(12개) Month(s)	18	**의문 대명사**(10개) Interrogative pronouns	33	**인터넷**(20개) Words related to the Internet
4	**일**(31개) Day(s)	19	**가족**(24개) Words related to Family	34	**건강**(35개) Words related to health
5	**요일**(10개) Day of a week	20	**국적**(20개) Countries	35	**학교**(51개) Words related to school
6	**년**(20개) Year(s)	21	**인사**(5개) Phrases related to greetings	36	**취미**(28개) Words related to hobby
7	**개월**(12개) Month(s)	22	**작별**(5개) Phrases related to bidding farewell	37	**여행**(35개) Travel
8	**일(간), 주일(간)**(16개) Counting Days	23	**감사**(3개) Phrases related to expressing gratitude	38	**날씨**(27개) Weather
9	**시**(20개) Units of Time(hours)	24	**사과**(7개) Phrases related to making an apology	39	**은행**(25개) Words related to bank
10	**분**(16개) Units of Time(minutes)	25	**요구, 부탁**(5개) Phrases related to asking a favor	40	**우체국**(14개) Words related to post office
11	**시간**(10개) Hour(s)	26	**명령, 지시**(5개) Phrases related to giving instructions		
12	**시간사**(25개) Words related to Time	27	**칭찬, 감탄**(7개) Phrases related to compliment and admiration		
13	**계절**(4개) seasons	28	**환영, 축하, 기원**(10개) Phrases related to welcoming, congratulating and blessing		
14	**방위사**(14개) Words related to directions	29	**식당**(30개) Words related to Restaurant		
15	**양사**(25개) quantifier	30	**교통**(42개) Words related to transportation		

MP3	주제	단어
	1. 숫자	1, 2, 3, 4, 5, / 6, 7, 8, 9, 10, / 11, 12, 13, 14, 15, / 16, 17, 18, 19, 20, / 21, 22, 23, 24, 25, / 26, 27, 28, 29, 30, / 31, 40, 50, 60, 70, / 80, 90, 100, 101, 102, / 110, 120, 130, 150, 천, / 만, 십만, 백만, 천만, 억
	2. 연도	1999년, 2000년, 2005년, 2010년, 2015년, / 2020년, 2023년, 2024년, 2025년, 2026년, / 2030년, 2035년, 2040년, 2045년, 2050년
	3. 월	1월, 2월, 3월, 4월, 5월, / 6월, 7월, 8월, 9월, 10월, / 11월, 12월
	4. 일	1일, 2일, 3일, 4일, 5일, / 6일, 7일, 8일, 9일, 10일, / 11일, 12일, 13일, 14일, 15일, / 16일, 17일, 18일, 19일, 20일, / 21일, 22일, 23일, 24일, 25일, / 26일, 27일, 28일, 29일, 30일, / 31일
	5. 요일	월요일, 화요일, 수요일, 목요일, 금요일, / 토요일, 일요일, 공휴일, 식목일, 현충일
	6. 년	1년, 2년, 3년, 4년, 5년, / 6년, 7년, 8년, 9년, 10년, / 15년, 20년, 30년, 40년, 50년, / 100년, 200년, 500년, 1000년, 2000년
	7. 개월	1개월(한 달), 2개월(두 달), 3개월(석 달), 4개월(네 달), 5개월(다섯 달), / 6개월(여섯 달), 7개월(일곱 달), 8개월(여덟 달), 9개월(아홉 달), 10개월(열 달), / 11개월(열한 달), 12개월(열두 달)
	8. 일(간), 주일(간)	하루(1일), 이틀(2일), 사흘(3일), 나흘(4일), 닷새(5일), / 엿새(6일), 이레(7일), 여드레(8일), 아흐레(9일), 열흘(10일), / 10일(간), 20일(간), 30일(간), 100일(간), 일주일(간), / 이 주일(간)
	9. 시	1시, 2시, 3시, 4시, 5시, / 6시, 7시, 8시, 9시, 10시, / 11시, 12시, 13시(오후 1시), 14시(오후 2시), 15시(오후 3시), / 18시(오후 6시), 20시(오후 8시), 22시(오후 10시), 24시(오후 12시)
	10. 분	1분, 2분, 3분, 4분, 5분, / 10분, 15분, 20분, 25분, 30분(반 시간), / 35분, 40분, 45분, 50분, 55분, / 60분(1시간)

MP3	주제	단어
	11. 시간	**반 시간**(30분), **1시간**, **1시간 반**(1시간 30분), **2시간**, **3시간**, / **4시간**, **5시간**, **10시간**, **12시간**, **24시간**
	12.시간사	**오전**, **정오**, **오후**, **아침**, **점심**, / **저녁**, **지난주**, **이번 주**, **다음 주**, **지난달**, / **이번 달**, **다음날**, **재작년**, **작년**, **올해**, / **내년**, **내후년**, **그저께**(이틀 전날), **엊그제**(바로 며칠 전), **어제**(오늘의 하루 전날), / **오늘**, **내일**(1일 후), **모레**(2일 후), **글피**(3일 후), **그글피**(4일 후)
	13. 계절	**봄**(春), **여름**(夏), **가을**(秋), **겨울**(冬)
	14.방위사	**동쪽**, **서쪽**, **남쪽**, **북쪽**, **앞쪽**, / **뒤쪽**, **위쪽**, **아래쪽**, **안쪽**, **바깥쪽**, / **오른쪽**, **왼쪽**, **옆**, **중간**
	15. 양사	**개**(사용 범위가 가장 넓은 개체 양사), **장**(평면이 있는 사물), **척**(배를 세는 단위), **마리**(날짐승이나 길짐승), **자루**, / **다발**(손에 쥘 수 있는 물건), **권**(서적 류), **개**(물건을 세는 단위), **갈래**, **줄기**(가늘고 긴 모양의 사물이나 굽은 사물), / **건**(사건), **벌**(의복), **쌍**, **짝**, **켤레**, / **병**, **조각**(덩어리, 모양의 물건), **원**(화폐), **대**(각종 차량), **대**(기계, 설비 등), / **근**(무게의 단위), **킬로그램**(힘의 크기, 무게를 나타내는 단위), **번**(일의 차례나 일의 횟수를 세는 단위), **차례**(단순히 반복적으로 발생하는 동작), **식사**(끼)
	16. 인칭 대명사	※ 인칭 대명사 : 사람의 이름을 대신하여 나타내는 대명사. **나**, **너**, **저**, **당신**, **우리**, / **저희**, **여러분**, **너희**, **그**, **그이**, / **저분**, **이분**, **그녀**, **그들**
	17. 지시 대명사	※ 지시 대명사 : 사물이나 장소의 이름을 대신하여 나타내는 대명사. **이것**, **이곳**, **저것**, **저곳**, **저기**, / **그것**(사물이나 대상을 가리킴), **여기**, **무엇**(사물의 이름), **거기**(가까운 곳, 이미 이야기한 곳), **어디**(장소의 이름)
	18. 의문 대명사	※ 의문 대명사 : 물음의 대상을 나타내는 대명사. **누구**(사람의 정체), **몇**(수효), **어느**(둘 이상의 것 가운데 대상이 되는 것), **어디**(처소나 방향), **무엇**(사물의 정체), / **언제**, **얼마**, **어떻게**(어떤 방법, 방식, 모양, 형편, 이유), **어떤가?**, **왜**(무슨 까닭으로, 어떤 사실에 대하여 확인을 요구할 때)
	19. 가족	**할아버지**, **할머니**, **아버지**, **어머니**, **남편**, / **아내**, **딸**, **아들**, **손녀**, **손자**, / **형제자매**, **형**, **오빠**, **언니**, **누나**, / **여동생**, **남동생**, **이모**, **이모부**, **고모**, / **고모부**, **사촌**, **삼촌**, **숙모**
	20. 국적	**국가**, **나라**, **한국**, **중국**, **대만**, / **일본**, **미국**, **영국**, **캐나다**, **인도네시아**, / **독일**, **러시아**, **이탈리아**, **프랑스**, **인도**, / **태국**, **베트남**, **캄보디아**, **몽골**, **라오스**

MP3	주제	단어
	21. 인사	안녕하세요!, 안녕하셨어요?, 건강은 어떠세요?, 그에게 안부 전해주세요, 굿모닝!
	22. 작별	건강하세요, 행복하세요, 안녕(서로 만나거나 헤어질 때), 내일 보자, 다음에 보자.
	23. 감사	고마워, 감사합니다, 도와주셔서 감사드립니다.
	24. 사과	미안합니다, 괜찮아요!, 죄송합니다, 정말 죄송합니다, 모두 다 제 잘못입니다, / 오래 기다리셨습니다, 유감이네요.
	25. 요구, 부탁	잠시 기다리세요, 저 좀 도와주세요, 좀 빨리해 주세요, 문 좀 닫아주세요, 술 좀 적게 드세요.
	26. 명령, 지시	일어서라!, 들어오시게, 늦지 말아라, 수업 시간에는 말하지 마라, 금연입니다.
	27. 칭찬, 감탄	정말 잘됐다!, 정말 좋다, 정말 대단하다, 진짜 잘한다!, 정말 멋져!, / 솜씨가 보통이 아니네!, 영어를 잘하는군요. ※ 감탄사의 종류(감정이나 태도를 나타내는 단어) : 아하, 헉, 우와, 아이고, 아차, 앗, 어머, 저런, 여보, 야, 아니요, 네, 예, 그래, 얘 등
	28. 환영, 축하, 기원	환영합니다!, 또 오세요, 생일 축하해!, 대입 합격 축하해!, 축하드려요, / 부자 되세요, 행운이 깃드시길 바랍니다, 만사형통하시길 바랍니다, 건강하세요, 새해 복 많이 받으세요!
	29. 식당	음식, 야채, 먹다, 식사 도구, 메뉴판, / 세트 요리, 종업원, 주문하다, 요리를 내오다, 중국요리, / 맛, 달다, 담백하다, 맵다, 새콤달콤하다, / 신선하다, 국, 탕, 냅킨, 컵, / 제일 잘하는 요리, 계산, 잔돈, 포장하다, 치우다, / 건배, 맥주, 술집, 와인, 술에 취하다.
	30. 교통	말씀 좀 묻겠습니다, 길을 묻다, 길을 잃다, 길을 건너가다, 지도, / 부근, 사거리, 갈아타다, 노선, 버스, / 몇 번 버스, 정거장, 줄을 서다, 승차하다, 승객, / 차비, 지하철, 환승하다, 1호선, 좌석, / 출구, 택시, 택시를 타다, 차가 막히다, 차를 세우다, / 우회전, 좌회전, 유턴하다, 기차, 기차표, / 일반 침대석, 일등 침대석, 비행기, 공항, 여권, / 주민등록증, 연착하다, 이륙, 비자, 항공사, / 안전벨트, 현지시간

MP3	주제	단어
	31. **물건 사기**	손님, 서비스, 가격, 가격 흥정, 노점, / 돈을 내다, 물건, 바겐세일, 싸다, 비싸다, / 사이즈, 슈퍼마켓, 얼마예요?, 주세요, 적당하다, / 점원, 품질, 백화점, 상표, 유명 브랜드, / 선물, 영수증, 할인, 반품하다, 구매, / 사은품, 카드 결제하다, 유행, 탈의실, 계산대
	32. **전화하기**	여보세요, 걸다, (다이얼을)누르다, OO 있나요?, 잘못 걸다, / 공중전화, 휴대전화 번호, 무료 전화, 국제전화, 국가번호, / 지역번호, 보내다, 문자 메시지, 시외전화, 전화받다, / 전화번호, 전화카드, 통화 중, 통화 요금, 휴대전화, / 스마트폰
	33. 인터넷	인터넷, 인터넷에 접속하다, 온라인게임, 와이파이, 전송하다, / 데이터, 동영상, 아이디, 비밀번호, 이메일, / 노트북, 검색하다, 웹사이트, 홈페이지 주소, 인터넷 쇼핑, / 업로드, 다운로드, pc방, 바이러스, 블로그
	34. 건강	병원, 의사, 간호사, 진찰하다, 수술, / 아프다, 환자, 입원, 퇴원, 기침하다, / 열나다, 체온, 설사가 나다, 콧물이 나다, 목이 아프다, / 염증을 일으키다, 건강, 금연하다, 약국, 처방전, / 비타민, 복용하다, 감기, 감기약, 마스크, / 비염, 고혈압, 골절, 두통, 알레르기, / 암, 전염병, 정신병, 혈액형, 주사 놓다
	35. 학교	초등학교, 중학교, 고등학교, 중·고등학교, 대학교, / 교실, 식당, 운동장, 기숙사, 도서관, / 교무실, 학생, 초등학생, 중학생, 고등학생, / 대학생, 유학생, 졸업생, 선생님, 교사, / 교장, 교수, 국어, 수학, 영어, / 과학, 음악, 미술, 체육, 입학하다, / 졸업하다, 학년, 전공, 공부하다, 수업을 시작하다, / 수업을 마치다, 출석을 부르다, 지각하다, 예습하다, 복습하다, / 숙제를 하다, 시험을 치다, 합격하다, 중간고사, 기말고사, / 여름방학, 겨울방학, 성적, 교과서, 칠판, / 분필
	36. 취미	축구 마니아, ㅇㅇ마니아, 여가 시간, 좋아하다, 독서, / 음악 감상, 영화 감상, 텔레비전 시청, 연극 관람, 우표 수집, / 등산, 바둑, 노래 부르기, 춤추기, 여행하기, / 게임하기, 요리, 운동, 야구(하다), 농구(하다), / 축구(하다), 볼링(치다), 배드민턴(치다), 탁구(치다), 스키(타다), / 수영(하다), 스케이팅, 태권도
	37. 여행	여행(하다), 유람(하다), 가이드, 투어, 여행사, / 관광명소, 관광특구, 명승지, 기념품, 무료, / 유료, 할인티켓, 고궁, 경복궁, 남산, / 한국민속촌, 호텔, 여관, 체크인, 체크아웃, / 빈 방, 보증금, 숙박비, 호실, 팁, / 싱글룸, 트윈룸, 스탠더드룸, 1박하다, 카드 키, / 로비, 룸서비스, 식당, 뷔페, 프런트 데스크
	38. 날씨	일기예보, 기온, 최고기온, 최저기온, 온도, / 영상, 영하, 덥다, 따뜻하다, 시원하다, / 춥다, 흐린 날씨, 맑은 날, 비가 오다, 눈이 내리다, / 건조하다, 습하다, 가랑비, 구름이 많이 끼다, 보슬비, / 천둥치다, 번개, 태풍, 폭우, 폭설, / 황사, 장마
	39. 은행	예금하다, 인출하다, 환전하다, 송금하다, 예금주, / 예금통장, 계좌, 계좌번호, 원금, 이자, / 잔여금액, 비밀번호, 현금카드, 현금 인출기, 수수료, / 현금, 한국 화폐, 미국 달러, 외국 화폐, 환율, / 환전소, 신용카드, 대출, 인터넷뱅킹, 폰뱅킹

MP3	주제	단어
	40. 우체국	편지, 편지봉투, 소포, 부치다, 보내는 사람, / 받는 사람, 우편물, 우편번호, 우편요금, 우체통, / 우표, 주소, 항공우편, EMS

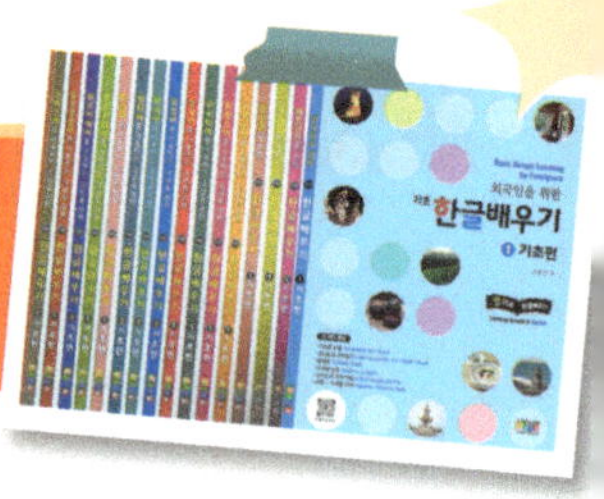

'K-한글'의 세계화 www.k-hangul.kr
សកលភាវូបនីយកម្មនៃ 'K-ហាន់កិល'

1. 영어로 한글배우기
Learning Korean
in **English**

2. 베트남어로 한글배우기
Học tiếng Hàn bằng
tiếng Việt

3. 몽골어로 한글배우기
Монгол хэл дээр солонгос
цагаан толгой сурах

4. 일본어로 한글배우기
日本語でハングルを学ぼう

5. 스페인어로 한글배우기(유럽연합)
APRENDER COREANO EN
ESPAÑOL

6. 프랑스어로 한글배우기
Apprendre le coréen en
français

7. 러시아어로 한글배우기
Изучение хангыля
на русском языке

8. 중국어로 한글배우기
用中文学习韩文

9. 독일어로 한글배우기
Koreanisch lernen
auf **Deutsch**

10. 태국어로 한글배우기
เรียนฮันกึล**ด้วยภาษาไทย**

11. 힌디어로 한글배우기
हिंदी में हंगेउल सीखना

12. 아랍어로 한글배우기
تعلم اللغة الكورية **بالعربية**

13. 페르시아어로 한글배우기
یادگیری کره‌ای از طریق فارسی

14. 튀르키예어로 한글배우기
Hangıl'ı **Türkçe** Öğrenme

15. 포르투갈어로 한글배우기
Aprendendo Coreano em
Português

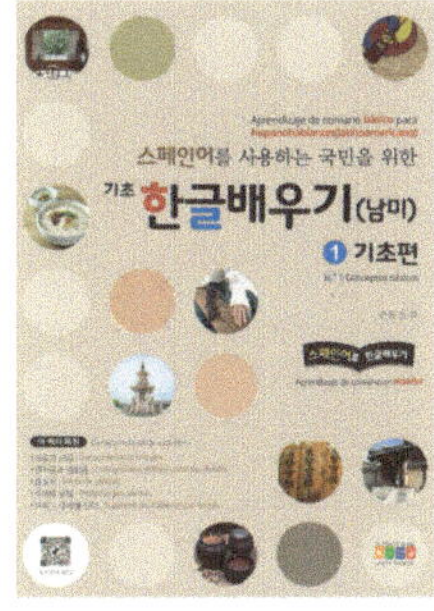

16. 스페인어로 한글배우기(남미)
Aprendizaje de coreano
en **español**

17. 인도네시아어로 한글배우기
Belajar Hangul dalam
Bahasa Indonesia

18. 이탈리아어로 한글배우기
Imparare Hangul
in **italiano**

19. 캄보디아어로 한글배우기
រៀនអក្សរកូរ៉េជាភាសាខ្មែរ

20. 라오스어로 한글배우기
ຮຽນຮັນກຶລດ້ວຍພາສາລາວ

21. 네팔어로 한글배우기
नेपाली भाषामा हाङ्गुल सिक्ने पुस्तक

22. 미얀마어로 한글배우기
မြန်မာဘာသာစကားဖြင့် ကိုရီးယားစာ
သင်ယူခြင်း

캄보디아어를 사용하는 국민을 위한 기초 한글배우기

한글배우기 **①** 기초편

2025년 10월 9일 초판 1쇄 발행

발행인 | 배영순
저자 | 권용선(權容璿)   អ្នកនិពន្ធ : គ្មន់យ៉ុងសន
펴낸곳 | 홍익교육   អ្នកបោះពុម្ពផ្សាយ : សាធារណៈរដ្ឋកូរ៉េអប់រំហុងអិក
기획·편집 | 아이한글 연구소
출판등록 | 2010-10호
주소 | 경기도 광명시 광명동 747-19 리츠팰리스 비동 504호
전화 | 02-2060-4011
홈페이지 | www.k-hangul.kr
E-mail | kwonys15@naver.com
정가 | 14,000원
ISBN 979-11-88505-89-0 / 13710